# COACHING
## DE LIDERANÇA

Robson Santarém
Dulce Soares

# COACHING DE LIDERANÇA

**PROVOCAÇÕES E REFLEXÕES**

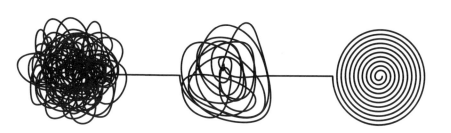

Editora Senac Rio – Rio de Janeiro – 2023

*Coaching de liderança: provocações e reflexões* © Robson Santarém e Dulce Soares, 2023.

Direitos desta edição reservados ao Serviço Nacional de Aprendizagem Comercial – Administração Regional do Rio de Janeiro.

Vedada, nos termos da lei, a reprodução total ou parcial deste livro.

**SENAC RJ**

**Presidente do Conselho Regional**
Antonio Florencio de Queiroz Junior

**Diretor Regional**
Sergio Arthur Ribeiro da Silva

**Diretor de Operações Compartilhadas**
Pedro Paulo Vieira de Mello Teixeira

**Assessor de Inovação e Produtos**
Claudio Tangari

**Editora Senac Rio**
Rua Pompeu Loureiro, 45/11º andar
Copacabana – Rio de Janeiro
CEP: 22061-000 – RJ
comercial.editora@rj.senac.br
editora@rj.senac.br
www.rj.senac.br/editora

**Gerente/Publisher:** Daniele Paraiso
**Coordenação editorial:** Cláudia Amorim
**Prospecção:** Manuela Soares
**Coordenação administrativa:** Alessandra Almeida
**Coordenação comercial:** Alexandre Martins

**Preparação de texto/copidesque/ revisão de texto:** Andréa Regina Almeida e Laize Oliveira
**Projeto gráfico de capa e miolo/ diagramação:** Julio Lapenne

**Impressão:** Imos Gráfica e Editora Ltda.
**1ª edição:** outubro de 2023

**CIP-BRASIL. CATALOGAÇÃO NA PUBLICAÇÃO**
**SINDICATO NACIONAL DOS EDITORES DE LIVROS, RJ**

S224c

    Santarém, Robson
       Coaching de liderança : provocações e reflexões / Robson Santarém, Dulce Soares. - 1. ed. - Rio de Janeiro : Ed. SENAC Rio, 2023.
       208 p. ; 21 cm..

       ISBN 978-85-7756-494-1

       1. Liderança. 2. Administração de pessoal. 3. Executivos - Treinamento. 4. Mentores nos negócios. I. Soares, Dulce. II. Título.

|  | CDD: 658.4092 |
|---|---|
| 23-86557 | CDU: 005.95/.96 |

Gabriela Faray Ferreira Lopes - Bibliotecária - CRB-7/6643

*A Inácio, meu primeiro neto,
que me revigora para trabalhar por um mundo melhor.*

**Robson Santarém**

*A adultos curiosos como as crianças.*

**Dulce Soares**

# SUMÁRIO

Prefácio ......... 9

Agradecimentos ......... 11

Introdução ......... 13

**RENATO – 2ª sessão** ......... 21
Provocações de Robson Santarém ......... 21
Reflexões de Dulce Soares ......... 30

**HELENA – 4ª sessão** ......... 35
Provocações de Robson Santarém ......... 35
Reflexões de Dulce Soares ......... 46

**CÉSAR – 3ª sessão** ......... 53
Provocações de Robson Santarém ......... 53
Reflexões de Dulce Soares ......... 65

**ANDRÉ – 4ª sessão** ......... 73
Provocações de Robson Santarém ......... 73
Reflexões de Dulce Soares ......... 83

**ARTHUR – 2ª sessão** ......... 91
Provocações de Robson Santarém ......... 91
Reflexões de Dulce Soares ......... 102

**FÁTIMA – 4ª sessão** ................................................. 109

Provocações de Robson Santarém ............................ 109

Reflexões de Dulce Soares .......................................... 118

**ANA CLÁUDIA – 2ª sessão** ...................................... 139

Provocações de Robson Santarém ............................ 139

Reflexões de Dulce Soares .......................................... 146

**AUGUSTO – 7ª sessão** ............................................... 153

Provocações de Robson Santarém ............................ 153

Reflexões de Dulce Soares .......................................... 166

**Provocações finais de Robson Santarém** ............................. 171

**Reflexões finais de Dulce Soares** .......................................... 175

**Posfácio** ........................................................................................ 177

**Depoimentos** ............................................................................... 179

**Anexos** .......................................................................................... 185

Anexo I – *Competências nucleares de coaching* .............. 185

Anexo II – *Código de ética* ...................................... 193

Anexo III – *Marcadores PCC*
*(Coach Profissional Certificado) da ICF* ............................. 202

# PREFÁCIO

Tive a oportunidade, a honra e a alegria de conhecer Robson Santarém como professor do MBA em Desenvolvimento Humano de Gestores da Fundação Getulio Vargas. Ele aderiu ao grupo de maneira discreta, como é seu estilo, e ao mesmo tempo com postura participativa, ativa e sempre com muita generosidade, compartilhando saberes, que são muitos e em diversas áreas, bem como a sabedoria na percepção e interpretação da dinâmica humana. É um coach e mentor de primeiríssima linha e de uma estirpe que transcende a filosofia e a metodologia paradigmáticas que usualmente observamos nesses processos.

Atuar com a mente e o coração abertos, chegando ao que Otto Scharmer denomina vontade aberta, é algo que poucas pessoas conseguem fazer com maestria. E com certeza Robson está nesse seleto grupo de pensadores e ativistas da educação executiva. É um emérito contador de estórias e sabemos como esse estilo é efetivo e vai além das palavras, despertando os "sentidos" e ampliando o espectro interpretativo, o que leva a reflexões poderosas e ao lúdico.

Meu primeiro contato com a Dulce Soares foi ao ler seus textos neste livro e minha admiração foi crescendo a cada intervenção. Técnica apurada, conexão plena dos fatos e sentimentos, disciplina metodológica, abordagem consultiva e de mentoria com base nos relatos de Robson. Uma dupla de respeito e admiração.

O leitor deste livro icônico terá a oportunidade de aprender/aperfeiçoar a arte do coaching e da liderança por meio de relatos vívidos e com análise de alto nível. Tanto leigos como profissionais experientes se beneficiarão com as demonstrações de técnica e arte de *Coaching de liderança: provocações e reflexões*, obra que será referência.

Meus parabéns e muito sucesso aos queridos Robson e Dulce.

EDMARSON BACELAR MOTA

*Professor, coordenador acadêmico de MBA*
*na FGV IDE e mentor*

# AGRADECIMENTOS

*Sou eu próprio uma questão colocada ao mundo e devo fornecer a minha resposta; caso contrário, estarei reduzido à resposta que o mundo me der.*

**Carl Gustav Jung**

Sempre ao Sagrado, que nos deu os dons de nos colocarmos a serviço das pessoas e do bem comum e tem nos conduzido ao longo do caminho nessa missão a nós confiada.

Nossa gratidão a alunos e alunas, clientes pessoas físicas e jurídicas que têm confiado em nosso trabalho na arte e ciência do coaching e como educadores, com atuação em desenvolvimento humano e organizacional. Agradecemos, especialmente, o muito que aprendemos com todos e todas. Somos aprendizes entusiasmados!

Gratidão a mestres e mestras de todos os tempos, que de inúmeras maneiras estão sempre nos ensinando e nos inspirando a ser as melhores pessoas e os melhores profissionais que pudermos ser.

Agradecemos com especial carinho a amigos e amigas que dedicaram um tempo para ler nossas provocações e reflexões e nos honraram com seus depoimentos.

E, por fim, agradecemos a você, leitor, que se interessou por mergulhar neste livro que oferecemos a você.

# INTRODUÇÃO

*A pessoa só é livre quando pode dizer, com sentimento: "eu não sou o que me aconteceu, eu sou o que eu escolhi ser." "Eu não sou os papéis que eu represento; eu sou a minha jornada." "Eu não sou minha experiência limitante; eu sou o poder criativo do meu potencial."*

**James Hollis**

Este é um livro de histórias de muitas personagens que vivem os dilemas, sonhos e desafios da liderança revelados na relação de parceria com seu coach. É nesse espaço de confiança e segurança – fundamentado em princípios éticos – que se estabelece a parceria que possibilita às pessoas abrirem o coração, escutarem a si mesmas, confrontarem inseguranças e vulnerabilidades, reconhecerem crenças e valores que contribuem para sua evolução e também o que dificulta e precisa ser superado.

São personagens e histórias fictícias, todas inspiradas em casos reais, com base em minha experiência como coach de liderança. Desse modo, presto minha homenagem e gratidão a todas as pessoas das quais pude escutar sensível e respeitosamente as histórias que tanto me ensinaram ao longo desses anos como coach, consultor e educador.

Você certamente vai se ver em alguns dos desafios e dilemas, assim como os sonhos de alguns terão ressonância nos seus e os insights poderão brotar em você, quando também se der conta de sua grandeza e do tesouro de sabedoria que carrega dentro de si.

Há uma estória que diz assim:

> Era uma vez uma mulher que morava em uma cidade pequena. Os habitantes a consideravam louca, pois tinha atitudes um pouco estranhas.
>
> A mulher procurava por uma caixa que estaria enterrada em algum lugar da cidade e que continha um sapo seco – a causa de todos os seus problemas na vida. Andava por todos os cantos da cidade com uma enxada. Cavava e cavava procurando a tal caixa com um sapo seco dentro.
>
> Um dia em que estava cavando em lugar onde nunca estivera, sua enxada bateu em alguma coisa bem resistente. Era uma caixa grande e estranha. Retirou do buraco a caixa e leu uma inscrição que estava na parte superior. Tratava-se de uma caixa que havia pertencido a um alquimista que vivera há mais de duzentos anos e conseguira acumular uma grande fortuna. Dentro, a mulher encontrou um verdadeiro tesouro – ouro, pedras preciosas e joias raras. A mulher olhou atentamente e disse para si mesma:
>
> — Não é isso que estou procurando!
>
> Deixou o tesouro onde o encontrou e saiu cavando e cavando, à procura da causa de todos os seus problemas – a caixa com um sapo seco dentro.

(Contado por Gislayne Avelar de Matos – projeto Convivendo com Arte)

Na vida, muitos perdem tempo cavando para encontrar "o sapo seco" causador de seus problemas e não se dão conta do real tesouro que já têm: os pontos fortes e todas as potencialidades que estão gritando para se transformar em vida, em ações... Então, o coaching ajuda você a encontrar a caixa que contém o tesouro, e não o sapo seco.

Acredito que todo ser humano tem no coração um baú de pedras preciosas: recursos abundantes de sabedoria, fruto de seus conhecimentos, suas experiências, múltiplas inteligências, valores e, sobretudo, a fonte original denominada Self ou Imago Dei por Carl Jung, ou seja, a Presença Transcendente que habita cada ser humano e nos impulsiona a Ser cada vez mais humano e realizar todas as potencialidades que nos habitam. Viver é responder a esse chamado de ser plenamente humano.

Sabemos que não há receita nem fórmula exata para transformar nossa potência em ação. Entretanto, também sabemos que as experiências de outros abrem caminhos, dão pistas e originam possibilidades para também criarmos nossas estradas e superarmos os obstáculos que sempre surgem quando estamos determinados a realizar os nossos sonhos, expressar o nosso devir no aqui e agora e ser gente de verdade porque realizamos tudo o que podíamos.

Já não tratamos da velha dicotomia de vida pessoal e vida profissional. Há uma só vida e é urgente resgatarmos essa inteireza humana, porque apenas pessoas inteiras – as que têm consciência de sua integridade – estão preparadas para os grandes desafios que a vida reserva. O pensamento fragmentador do paradigma analítico-cartesiano-mecanicista levou muitas pessoas (e ainda leva) a viverem uma espécie de esquizofrenia, separando razão de emoção, matéria de espírito, até chegarem ao sofrimento cruel de tentar separar a dimensão pessoal da profissional. Não é possível mais viver assim! Não dá para tratar aspectos profissionais ignorando a dimensão pessoal. O ambiente de trabalho deve ser espaço de realização do ser humano, e cada pessoa deve ter clareza de seu propósito e envidar todos os esforços para realizá-lo, a fim de poder dizer que valeu a pena ter vivido, que "combateu o bom combate".

Cabe aos dirigentes empresariais – como líderes conscientes de sua missão – assumirem a responsabilidade de criar um ambiente saudável que proporcione felicidade e bem-estar para todas as pessoas e as partes interessadas, bem como fazer com que a organização funcione como verdadeira comunidade, cuja cultura seja fundamentada em valores humanos.

Empresas sustentáveis existem apenas quando formadas e mantidas por líderes conscientes, que fomentem o espírito de comunidade em todos os seguidores. Afirmamos que é uma comunidade quando temos consciência de que todos ensinam e todos aprendem, que afetamos e somos afetados o tempo todo e que ninguém é totalmente independente. Apenas a interdependência possibilita geração de valor para todos, portanto precisamos superar o modelo individualista e adotar relações colaborativas, em que todos ganham. O bem comum precisa estar definitivamente no DNA de cada um de nós!

Para quem é coach ou pretende ser, ou mesmo para líderes e futuros líderes, a leitura será um contato com a arte de fazer perguntas fundamentada nas competências essenciais do coaching, preconizadas pela ICF e sabiamente comentadas pela amiga e mestra Dulce Soares. Você perceberá que essas competências das quais tanto falamos são competências para a vida, e não só para quem é coach profissional. Aproveite as provocações e reflexões para se avaliar, expandir sua consciência e se tornar um agente de transformação.

O mundo precisa muito de gente de valor, que assuma a responsabilidade de torná-lo mais justo, mais humano e mais próspero para todos. Você "topa" esse desafio?

ROBSON SANTARÉM

*O coaching oferece resultados em grande medida devido à poderosa relação de trabalho criada e aos meios e estilo de comunicação utilizados.*

**Sir John Whitmore**

Foi em agosto de 2021 que recebi o convite. Há tempos pensávamos em escrever um livro juntos. É verdade que estou sempre envolvida em vários projetos, minha natureza é coletiva desde criança, mas ao ouvir o convite de Robson Santarém prestei atenção em minhas sensações internas – meu coração mais acelerado, minhas bochechas vermelhas – e, pelo pensamento, constatei que mais uma vez meu corpo, precisamente meu rosto, já tinha a resposta: um largo sorriso se manifestou rapidamente. É, leitor, às vezes o corpo funciona como ferramenta de fala do nosso Eu e "sai na frente" de nossa parte cognitiva, manifestando-se por expressões fisionômicas.

Uma de minhas marcas mais características é trabalhar predominantemente com pessoas bem diferentes de mim, porém com Robson Santarém isso não ocorre. Em minha percepção, somos muito parecidos, principalmente na dimensão transcendental, porque nela está a fonte de nossa energia, pessoal e profissional. Somos Gente de fé no Ser Humano, seguimos princípios e valores filosóficos e espirituais; aCreditamos, ou seja, depositamos crédito no humano, em seu Vir a Ser como ato e potência, tanto como pessoas físicas quanto jurídicas porque no final "dá tudo no mesmo". As empresas são feitas por pessoas que nelas deixaram, deixam ou deixarão seu legado. Somos ambos coaches de liderança, de grupos e de equipes, mas somos sobretudo educadores existenciais humanistas com o propósito de, na ação e em nosso compromisso de coração, sermos agentes transformadores da sociedade.

Meu contributo neste livro é articular toda essa trama trazida por Robson com o protocolo da International Coaching Federation (ICF), que denomino carinhosamente GPS existencial, e me proponho a fazê-lo aos olhos da mentoria e da supervisão, entrelaçando meu lado maior de educadora existencial humanista. Antes de tudo, meu primeiro objetivo é ler com você os casos trazidos por Robson, sentir, pensar cada palavra, escrita e falada entre eles (coach e cliente) nas sessões.

Vou pensar em meus sentimentos e pensamentos, vou ler, fazer uma pausa e pensar: "E se essa situação fosse comigo, como eu reagiria? Quais são os prós e os contras dessa minha atitude? E, mais ainda, quais são os prós e os contras dessa minha maneira de pensar? Por que sinto o que sinto ao ler este capítulo? Desde quando eu penso assim? Ou isso é algo que 'depositaram' em mim? Ou, então, será que eu acolhi em meu mundo interno a tal maneira de pensar por abrir mão de pensar com a própria cabeça?"

Voltando à minha resposta a Robson: "É claro que eu aceito! Rapaz, nós podemos fazer isso, mais isso e aquilo outro, vai ser um livro teórico-prático, um 'guião' reflexivo existencial. Robson, vamos ajudar muita gente..." Depois de dizer sim, iniciei o exercício de olhar o próprio lado, todinho. Pausei, me preparei para calçar os sapatos do Grande Outro e decidi deixar minhas convergências virem à tona e ver **através** dos olhos de Robson Santarém, lançando mão de um recurso que é uma "marcagrafia" dele. No próximo parágrafo, vocês saberão.

Para aquecer os nossos motores e diferenciar Mentoria de SuperVisão, inspirando-me no lado Robson Santarém que habita em mim:

> Era uma vez um lenhador muito forte que pediu um emprego a um comerciante de madeira. O salário era muito bom e as condições de trabalho também; por essas razões, o lenhador estava determinado a fazer o melhor. Seu chefe lhe deu um machado e mostrou onde ele trabalharia.
>
> No primeiro dia, o lenhador derrubou 18 árvores. "Parabéns", disse o patrão! Siga o caminho. Motivado pelas palavras do chefe, o lenhador se esforçou mais no dia seguinte, mas só conseguiu derrubar 15 árvores. No terceiro dia ele tentou ainda mais, mas conseguiu apenas 10 árvores. Dia após dia, ele terminava com menos árvores.
>
> "Devo estar perdendo minhas forças", pensou o lenhador. Ele foi até o chefe e pediu desculpas, dizendo que não conseguia entender o que estava acontecendo.
>
> "Quando foi a última vez que afiou seu machado?" O chefe perguntou. "Afiar o machado?", disse o lenhador. "Não tive tempo de afiar o meu machado. Eu estive tão ocupado tentando cortar árvores."
>
> Anderson B. Sharpening your axe: a leadership lesson. *NetGain Technologies*. Disponível em: www.netgainit.com/sharpen-your-axe. Acesso em: 22 nov. 2019.

Aqui está o ponto nodal de nossa reflexão: mentoria e supervisão nos auxiliam a ser pessoas e profissionais melhores. A mentoria fará você pensar em técnicas, ferramentas, vai convidá-lo a pensar nas ações que funcionaram ou não com as "árvores/clientes", já a supervisão vai convidar você a "pensar comprido" e instigá-lo a refletir sobre que tipo de coach lenhador é você, quem é você nesse lugar com essa árvore/cliente e quais pensamentos e sentimentos rodeiam seu mundo interior quando está atuando.

A grande lição que fica para todos nós é a seguinte: se você é um profissional de ajuda, terá de separar um tempo na agenda para afiar seu machado. E saiba que existem muitos caminhos para isso, a mentoria e a supervisão são dois exemplos. Se você é líder ou pretende ser, também precisa afiar seu machado, e o processo de coaching contribui efetivamente para isso.

Por último, mas não menos importante neste livro que trata sobre liderança, provocações e reflexões, convidarei minha intuição a participar dessa construção. Você perceberá logo o lado mentora e o lado supervisora que vivem em mim.

> #FICA A DICA
>
> Quando eu acionar as oito competências ICF, o lado mentora entrará em cena, pois afiaremos nosso machado sob o ponto de vista técnico. Mas, quando eu convidar você a "pensar comprido" sobre três instâncias (normativa, formativa e restaurativa) que estão imbricadas em nossa prática profissional, é o meu lado supervisora que estará com você. E quando eu estiver profundamente filosófica, lado que mais amo em mim, entrará em ação o meu maior lume: o de educadora existencial humanista.

O que me diz? Vamos desenrolar essa trama e analisar fio por fio?

DULCE SOARES

# RENATO — 2ª SESSÃO

*O profissional de coaching atua como um estimulador externo que desperta o potencial interno de outras pessoas, usando uma combinação de paciência, insight, perseverança e interesse (às vezes chamado de carisma) para ajudar os receptores do coaching (clientes) a acessar seus recursos internos e externos e, com isso, melhorar o seu desempenho.*

**David Clutterbuck**

## Provocações de Robson Santarém

Era a 2ª sessão de Renato.

Embora o processo tivesse sido contratado pela empresa em razão dos resultados da pesquisa de clima em seu departamento, ele reconhecia a necessidade de desenvolver algumas competências de liderança. Não havia como negar que os índices não lhe foram muito favoráveis...

Estava bem consciente a respeito do processo de coaching. A reunião entre ele e a diretora de Gente e Gestão no mês anterior foi bastante esclarecedora quanto às expectativas da empresa e de meu papel como coach.

Era quarta-feira. Cheguei ao escritório às 9 horas como havia sido acordado e imediatamente a recepcionista conduziu-me para a sala de reunião e ofereceu-me água e café. Renato chegou logo em seguida. Parecia bem-humorado, mas seu sorriso escondia certa inquietação.

Mal nos cumprimentamos e falamos sobre o bonito dia de sol, fomos interrompidos pela copeira, que trazia água e café. Enquanto eu bebia o café, ele foi logo dizendo:

— Então, cá estamos para continuar a minha terapia.

Quase me engasguei com o café.

— Opa, Renato! — disse eu. — Pensei que já tivesse entendido que não estamos fazendo terapia.

— Sim, sim — respondeu rindo, como se não estivesse tão seguro. — Estou certo de que não é terapia, foi só uma brincadeira.

— Por favor, é muito importante para a nossa parceria que você esteja bem consciente sobre esse processo cujo objetivo é contribuir para o desenvolvimento das competências que você tão bem falou na sessão anterior — comentei.

— Está claro para mim — disse-me com ar sério. — É que eu também desejo que seja, de certo modo, terapêutico para mim.

— Ah! Sim. Que ótimo! — sorri e confirmei que penso deste modo: embora não seja uma psicoterapia, o coaching no fundo é terapêutico porque deve ser transformador dos nossos comportamentos. E prossegui, perguntando-lhe se gostaria de compartilhar algo comigo antes de iniciarmos propriamente a sessão.

Renato bebeu um gole d'água e, por alguns instantes, segurando o copo, falou que naqueles quinze dias após a 1ª sessão, embora tivesse inúmeros compromissos e reuniões, achava que não havia parado um instante sequer de pensar em como seriam as próximas sessões. Afastou a xícara de café de sua frente, bebeu mais um pouco de água e prosseguiu, dizendo que estava um pouco tenso, apreensivo talvez, porque eram muitos os desafios. Acreditava que sua entrega como gestor era satisfatória e foi pego de surpresa com os resultados da pesquisa. Admitiu, mais uma vez, que nunca dera a devida atenção ao relacionamento com os liderados; o foco sempre fora re-sul-ta-dos. Falou como se estivesse soletrando.

Quando interrompeu para beber mais um gole de água, perguntei-lhe como gostaria de iniciar, já que havia demonstrado certa tensão. Nesse momento colocou o copo de volta à mesa, respirou fundo e disse que não sabia. Perguntou se havia alguma maneira de deixá-lo mais à vontade, mais relaxado, porque sua mente estava cheia demais. Ao gesticular, esbarrou na xícara de café que não havia bebido e derramou um pouco sobre a mesa.

— Está vendo? — disse ele. — É assim que tenho estado.

— Está bem, Renato. Muito obrigado pela confiança. O que acha de ficar alguns instantes apenas respirando em silêncio? — Perguntei.

Ele assentiu com a cabeça. Pedi que fechasse os olhos e respirasse profundamente. Como estava curvado sobre a mesa, recomendei que mantivesse a coluna ereta e evitasse seguir os pensamentos; apenas observasse a si mesmo.

— Foram minutos intermináveis — disse-me quando abriu os olhos e deu um longo suspiro. — Podemos começar.

Eu sorri e perguntei:

— O que você quer trabalhar nesta sessão que vai agregar valor para você?

— De tudo que vimos na sessão passada e com a conversa que tivemos com a Sandra (diretora de Gente e Gestão), acho que primeiro preciso melhorar meu relacionamento com a minha equipe — falou.

— Fale mais sobre isso — pedi. — O que você quer dizer com melhorar o relacionamento?

— Bem, eu julgava que o relacionamento de modo geral era bom. Costumo chegar todos os dias e cumprimentar quem já chegou e vou para a minha sala, porque não falta trabalho para mim. Nem dou conta de tanta coisa, fora as reuniões para as quais sou chamado a participar. E sempre tem alguém interrompendo para perguntar alguma coisa, pedir uma opinião ou para eu resolver algum pepino. Os maiores problemas sempre vêm para mim e tenho de estar lá disponível. Depois ainda reclamam que não me relaciono bem com a equipe, é mole? — falou como um desabafo.

— Então, melhorar é...

— Só pode ser estar mais próximo deles e mudar o meu jeito... Sei lá, preciso conversar mais, confiar mais, entender mais cada um...

— Entendi que precisa estar mais próximo da equipe, conversar mais e entender cada um...

— Isso mesmo! — assentiu sorrindo.

— Então, me diga qual é a importância de melhorar o relacionamento com a equipe?

— Em primeiro lugar, porque eles acham que precisa melhorar.

— E você, o que acha? — insisti.

— Se eles estão dizendo e se isso vai melhorar o ambiente de trabalho, então eu assumo que é importante.

Fez uma breve pausa, prosseguiu.

— Realmente, ao me colocar no lugar deles imagino que o ambiente não deve ser muito bom. Pelo menos enquanto estou na sala, não vejo muita conversa, risadas, o ambiente fica meio pesado. Acho que é isso que precisa mudar.

— Como vamos saber que esta sessão foi proveitosa para você?

Depois de alguns instantes em silêncio, como se estivesse buscando uma resposta mais objetiva, Renato disse que não sabia. Pedi que refletisse e identificasse pelo menos um indicador que expressasse ter sido alcançado o objetivo dele na sessão. E depois de mais um tempo em silêncio, ele disse que ficaria satisfeito se encontrasse um meio para se aproximar da equipe de maneira mais natural e que isso fosse o pontapé para outras mudanças.

— Vamos ver se entendi bem — disse eu. — Você espera, no final desta sessão, saber como se relacionar de maneira mais natural com a equipe e que isso o ajude a concretizar outras mudanças, é isso?

— Exatamente! Não quero parecer artificial nem forçado, estou consciente de que isso vai desencadear outras mudanças. Não sei bem quais seriam nem o que aconteceria.

— Certo! Então me diga o que considera importante explorarmos para que você consiga identificar essa maneira mais natural?

Renato permaneceu em silêncio um bom tempo, desviou o olhar, pigarreou e se remexeu na cadeira. Parecia hesitar sobre o que dizer.

— Percebo que algo o incomoda — disse-lhe. — Estou aqui para apoiar você.

Pigarreou mais uma vez e suspirou profundamente. Voltando a olhar para mim, disse pausadamente:

— Estou com 48 anos e há mais de 20 ocupo cargo de gerência. Na verdade, esse é o meu terceiro emprego e estou aqui já faz 12 anos. Os gerentes que eu tive em toda a minha trajetória não agiam muito diferente de mim, aprendi muito com todos eles e uma das coisas importantes é que o gerente precisa saber se impor. Se a gente se mistura muito com os subalternos, acaba por perder o respeito e, além de tudo, pode não conseguir os resultados na hora de cobrar. Como controlar tudo isso? É preciso estar atento o tempo todo para comandar uma equipe tão grande como a minha!

— Entendo. Comandar. Controlar. Ser respeitado... — comentei.

— Exato! É uma carga muito pesada! — exclamou.

Disse que compreendia e que percebi em seu semblante o quanto olhar para isso o deixava tenso e até meio angustiado. Ele assentiu com a cabeça. Seus ombros curvados revelavam o peso tamanho que estava carregando. Disse-lhe que, ao escutá-lo, percebi uma forte emoção em sua postura e em sua fala, e perguntei o que essa forte emoção e fala significam. Ele respirou fundo e estendeu os braços sobre a mesa, como se fosse pedir socorro, e disse:

— Não estou dando conta. Desse jeito não dá mais!

Restava um pouco de água em seu copo. Bebeu o último gole e fitou-me, como que esperando uma solução. Mantive o silêncio e o fitei serenamente.

— Preciso mudar — balbuciou.

Era o momento propício para saber mais sobre o que precisava mudar. Então, perguntei-lhe o que queria dizer especificamente.

— Sei que há outras maneiras de gerenciar. Já li alguns livros de liderança e aqui mesmo na empresa percebo colegas com estilos bem diferentes do meu, e parece que são benquistos pela equipe. Venho refletindo há tempos que esse meu jeito traz alguns problemas, haja vista o resultado da pesquisa de clima, embora a minha turma entregue tudo que precisa e cumpra prazos e metas.

— Qual a relação entre o que acaba de me dizer e o que você quer levar desta sessão? — perguntei.

— O jeito natural dos outros parece ser melhor que o meu — respondeu de pronto, usando os dedos para colocar entre aspas o que chamou de jeito natural.

— O que significa esse jeito natural?

— Alguns colegas interagem com naturalidade e informalmente com todos. De vez em quando os encontro sentados à mesma mesa em restaurantes e até em happy hours. Parece um grupo de amigos, e não o chefe com os subordinados. A rádio corredor vive dizendo que as reuniões deles são muito participativas. Alguns já receberam reconhecimento da diretoria, enfim. Não é que eu trate mal as pessoas, eu trato bem. No entanto, aprendi que não podemos misturar as coisas senão perde-se o respeito. Além disso é preciso cobrar; se deixar solto, já viu, né? Os resultados não serão nada bons e a cobrança final vem em cima de mim.

— Diga-me uma coisa, Renato: até aqui o que está ficando claro para você?

— Está muito claro que eu tenho de mudar. Reconheço que sinto certo receio de perder o respeito e o controle por tudo que já comentei antes.

— Ok — disse eu. — Então, o que você considera importante trazer agora para a nossa conversa que vai ajudar a lidar com essa questão?

RENATO | 2ª SESSÃO

Nem consegui terminar a frase e ele me interrompeu.

— Acho que superar esse receio. Se eu conseguir isso, acho que devagar eu consigo me relacionar de maneira mais natural.

— Quando você fala de se relacionar de maneira mais natural, quais pensamentos vêm à sua cabeça?

— Me vem que eu tenho de mudar o meu jeito, e não focar apenas em resultado, resultado, resultado. Com certeza, farei o contrário do que faço hoje, minha vida no trabalho será mais leve e o ambiente será melhor para todos que trabalham comigo.

— Muito bem! Se você se imaginar fazendo o contrário do que faz hoje, qual sentimento mais desconfortável ou maior preocupação lhe vem? — perguntei.

Renato pigarreou três vezes, afastou-se da mesa, tirou e colocou os óculos e apertou as mãos como se esmagasse algo. Ficou calado e desviou o olhar. Aguardei. Após alguns segundos, perguntei o que aquele silêncio e gesto estavam dizendo.

— Medo. Medo de perder o controle. Medo de não ser compreendido em razão da mudança. Medo de ser ridicularizado pelo meu esforço de mudança.

— Você me permite compartilhar algumas imagens que me vêm à cabeça? Se não fizer algum sentido para você, vamos em frente, ok?

— Claro! O que é?

— Vejo você assustado com um bicho de sete cabeças. Isso faz algum sentido?

— É. Acho que é isso mesmo! Talvez esteja mesmo criando um bicho de sete cabeças sem sequer saber o que esperam de mim.

— E o que você acha que sua equipe espera de você? — provoquei.

Renato começou a rir e abriu os braços como quem acabara de descobrir o óbvio e repetiu sob risos:

— É isso! É isso! É isso! Eles querem que eu mude!

— O que se passa nesse momento?

— Sabe, lembrei-me que, quando me relaciono com jovens – meus filhos, sobrinhos e amigos e amigas deles –, não tenho nenhum pingo de preocupação com isso. Ao contrário, eu me sinto muito confortável com a interação, mesmo que em algum momento – que já aconteceu – eu pareça ridículo e todos rimos muito.

— Uau, Renato! Que máximo! O que tem a ver com seu objetivo nesta sessão lembrar disso agora? — indaguei.

— Que eu sei interagir naturalmente e informalmente muito bem, mas não no ambiente de trabalho. Não há relação de poder. Lá eu tenho de separar o pessoal do profissional, o que de fato é horrível — respondeu aliviado.

— E o que descobriu sobre você que pode ajudar a alcançar seu objetivo? — provoquei novamente.

— Que sou capaz de mudar e sem medo de parecer ridículo.

Comemorei novamente essa descoberta transformadora. Renato parecia estar aliviado, seu semblante demonstrava estar mais sereno que no início da sessão.

— Como pretende aplicar o que você descobriu aqui com sua equipe?

— Vou me reunir com todos e reconhecer que preciso mudar. Mais que isso, pedirei a ajuda deles. Na próxima sessão, trarei boas notícias para você.

RENATO | 2ª SESSÃO

— Você acha que podemos encerrar a sessão ou ainda há algo a ser explorado?

— Estou muito satisfeito. Fazer a reunião com a equipe, me expor e pedir ajuda é o pontapé que eu preciso dar.

— Como você gostaria de terminar a sessão?

— Só agradecer a você pelos insights que tive nesta sessão incrível.

— Valeu, Renato! Aguardo você na próxima sessão.

## Reflexões de Dulce Soares

> A ICF define Mentoria para Coaches como uma assistência profissional necessária para que o coach possa alcançar e demonstrar os níveis de competência que se exigem para obter a credencial que deseja e explica que, durante esse trabalho, se oferece feedback sobre o desenvolvimento das habilidades demonstradas em uma sessão.
>
> **International Coaching Federation (ICF)**

Primeiros pensamentos e sentimentos sobre o caso Renato... Uau, Robson, que approach! Que acolhida espetacular. Você manteve ao longo da sessão uma relação vincular positiva com o cliente, deu a ele espaço/tempo para o corpo encontrar com a própria alma por meio de um exercício simples de respiração. Nossa! Para nos conectarmos com o nosso melhor, basta fazermos coisas simples como respirar e nos observar...

A partir de agora, aciono nosso GPS existencial e profissional: as oito competências nucleares ICF e seus indicadores observáveis. É certo que os 37 indicadores observáveis – ou marcadores PCC, como também são chamados – não estarão presentes em toda sessão, mas é bem verdade que Robson circulou bastante pela maioria deles...

Logo no início, a competência 1, Demonstra Prática Ética, fez-se presente com a aplicação de maneira consistente da ética e dos padrões de coaching, bem como com a diferenciação de coaching e terapia. Mesmo na 2ª sessão, é importante definir bem os termos para que o cliente não crie expectativas irreais. No caso do cliente Renato, sua fala "parecia" brincadeira, mas foi muito produtivo Robson retomar o que conversaram na reunião entre "[...] a diretora de Gente e Gestão e ele no mês anterior [...]", revendo os conceitos e percebendo com o cliente o grande valor dessa área do conhecimento. Sim, o coaching é terapêutico, mas não é terapia.

Depois de aquecermos os motores, entramos na sessão em si. A competência 2 circulou o tempo todo na sessão, inclusive deve estar "tatuada" em nosso *modus operandi* como coaches: incorporar uma mentalidade aberta, curiosa, flexível e com foco no cliente. Isso significa, na prática, ser curioso como uma criança, que pergunta para conhecer e saber sem juízos prévios, ou seja, sem preconceitos. O coach pergunta apenas para aprender como seu cliente pensa, sente e age.

Essa competência pode ser observada pelos marcadores 4.1, 4.3, 4.4, 5.1, 5.2, 5.3, 5.4, 6.1, 6.5, 7.1 e 7.5 do Anexo III. De acordo com o que li, senti, pensei e ponderei, Robson transitou por alguns desses marcadores logo no início da sessão e ao longo dela.

As perguntas da sequência retratam uma sessão que caminhou predominantemente dentro do acordo de coaching, nossa competência nuclear 3, cujo objetivo, segundo a ICF, é estabelecer parceria com o cliente e as partes interessadas relevantes para criar acordos claros sobre relacionamento, processo, planos e metas de coaching. Essa competência estabelece acordos para o processo geral de coaching bem como para cada sessão de coaching.

Robson fez várias perguntas sobre quais pontos Renato desejaria trabalhar que lhe agregasse valor. Ouviu e escutou seu discurso pelas dimensões lógica, orgânica e emocional. Perguntou sobre a medida de sucesso no exemplo "Como vamos saber que esta sessão foi proveitosa para você?" Fez do silêncio um recurso de intervenção, recorreu a metáforas, desconstruiu termos para aprender com o "dicionário interno" do cliente quando fez a pergunta "O que você quer dizer com melhorar o relacionamento?" Ou, então, se me permite dar outro contributo a fim de expandirmos nosso pensamento para a arte de perguntar: "Quando você começar a melhorar o relacionamento com a equipe, fará o que exatamente?" Mais à frente, Robson desconstrói mais uma vez: "O que significa esse jeito natural?" Meu lado mentora vem à tona novamente para contribuir: "Pessoas que têm um jeito natural com os liderados fazem o quê?", "Quais são as características universais de líderes que têm um jeito natural com os liderados? O que eles fazem?"

Ao longo da sessão de Renato, percebemos a presença marcante das competências 4, Cultiva Confiança e Segurança; 5, Mantém Presença; e 6, Escuta Ativa. Houve momentos em que o coach apoiou, acolheu e reconheceu os talentos do cliente, identificou preocupações pelas competências 4, 5 e 6 simultaneamente. A escuta orgânica e emocional foi captada pelo coach por meio do ato de pigarrear e emudecer, exemplos de sinais vitais indicadores de que algo ocorre de maneira In-Tensa dentro do Eu, momento fértil para perguntar ou buscar a técnica da comunicação direta com o uso de metáforas ou analogias, como feito pelo coach ao partilhar a imagem do bicho de sete cabeças com o cliente de maneira desapegada: "[...] você me permite compartilhar algumas imagens que vêm a minha cabeça? Se não fizer algum sentido para você, vamos em frente, ok?"

As competências 7 e 8 também se manifestaram com tantas perguntas boas! Evocar Consciência e Facilitar o Crescimento do Cliente são faces da mesma moeda. Convido você a pensar, ler novamente o caso Renato e tentar identificar em que momento a evocação ocorreu... Feche o livro por dois minutos e pense, não leia o próximo parágrafo agora. Depois, abra-o novamente para confrontar se você já está pensando e sentindo com o nosso diapasão interno: o GPS existencial.

Todas as competências estão imbricadas, entrelaçadas umas nas outras. Sempre que menciono ou escrevo sobre a competência 7, lembro-me de Piaget, biólogo e epistemólogo cognitivista que amo. Ele sinalizava que, do período pré-operatório (2 a 7 anos) ao operatório concreto (7 a 12 anos), o pensamento ocorre por quoticidade, compensação e reversibilidade. Essas três instâncias ampliam nossa capacidade de pensar e promovem associações, fomentando a evocação da consciência. No caso, percebo dois momentos em que a consciência de Renato foi evocada por Robson com duas perguntas em instantes diferentes: "[...] Uau, Renato! O que tem a ver com seu objetivo nesta sessão lembrar disso agora? E o que descobriu sobre você que pode ajudar a alcançar seu objetivo?"

Robson expande um pouco mais, entrando já na facilitação, e convida o cliente a pensar sobre como usará o novo aprendizado obtido na sessão com a seguinte pergunta: "Como pretende aplicar o que você descobriu aqui com sua equipe?"

Nosso desafio é internalizar essas oito competências como padrões de interação, tentar internalizá-las, e não decorá-las. Sabe por quê? Porque Sentir também é uma forma de Saber.

RENATO | 2ª SESSÃO

# HELENA — 4ª SESSÃO

*Um coach é aquele que cuida para que o outro realize aquilo que diz que deseja, perseguindo seus objetivos depois de fazer escolhas. Ele está lá para manter a pessoa comprometida, seguindo em frente na direção de seus sonhos e metas. Em última instância, é quem ajuda as pessoas a levarem uma vida plena de significado e propósito.*

**Henry Kimsey-House**

## Provocações de Robson Santarém

Helena tem 31 anos e assumiu recentemente o primeiro desafio como gestora em uma grande organização. Sua performance como excelente profissional técnica na área de tecnologia possibilitou-lhe rápido crescimento e atualmente ela é responsável por uma equipe de quatro analistas e dois trainees.

Esta é sua 4ª sessão de coaching. Iniciativa sua quando foi convidada para assumir a função de líder e entendeu que precisava investir no desenvolvimento de habilidades comportamentais, visto que até então seu trabalho era eminentemente técnico.

Enquanto a aguardava entrar no Zoom, lembrei de sua determinação em se tornar uma líder inspiradora para a equipe e seus comentários sobre experiências vividas desde o início da carreira, de estagiária a analista sênior, última posição. Os primeiros anos foram bem difíceis – dizia –, embora tenha aprendido bastante tecnicamente, sobretudo com seus colegas, mas sobre liderança aprendeu apenas como não devia ser caso algum dia tivesse de assumir tal responsabilidade.

Seu primeiro gerente – me contou – costumava pedir "tudo para ontem" e marcava reuniões no final do dia, que muitas vezes se prolongavam até mais tarde. A maioria escutava calada suas decisões, reclamações e críticas ao trabalho de cada um. Em seguida, cobrava mais resultados e desafiava a equipe com alguns projetos, sem muitas vezes orientar ou oferecer apoio e recursos para a execução. As reclamações "rolavam" soltas depois da reunião.

A primeira sessão foi uma devolutiva do assessment solicitado por ela e uma análise de seus principais pontos fortes que contribuíam para o exercício da liderança e os pontos de melhoria para os quais deveria dar atenção.

Destacou como pontos fortes:

- Criatividade na resolução dos problemas
- Preocupação com os prazos
- Orientação para resultados
- Capacidade para lidar com muitas atividades ao mesmo tempo
- Habilidade de trabalhar bem sob pressão

E pontos fracos:

- Dificuldade para planejar e controlar o uso do tempo
- Risco de tomar decisões com base em uma análise superficial

- Dificuldade para resolver conflitos

- Preferência por não dizer o que sente, a menos que esteja em um ambiente de cooperação e não competitivo

- Dificuldade de dizer aos outros sua posição sobre determinado assunto

- Dificuldade para delegar

Na 2ª sessão, disse que seu objetivo era encontrar um meio de organizar a gestão do tempo, porque tinha percebido não ser mais senhora exclusiva de sua agenda. Havia demandas do diretor, de clientes internos e da própria equipe. Como antes era apenas executora – gerente de si mesma, como dizia –, agora precisava ter clareza do que era realmente importante e das demandas urgentes e, na medida do possível, evitar que se tornassem urgentes. Saber priorizar era decisivo para ela. Jamais queria repetir o erro de "pedir para ontem".

Lembro-me de que ficou chocada quando lhe perguntei quais critérios utilizava para definir o que era importante e o que era urgente. Custou a distinguir um do outro e isso foi decisivo para rever seu comportamento. Ficou muito incomodada com a pergunta até se conscientizar de que o importante tinha a ver com o que considerava essencial: a prática de seus valores e o impacto de seu trabalho nos resultados da organização.

Quando indaguei sobre o que não estava fazendo e se passasse a fazer provocaria uma grande transformação em sua vida, foi outro momento impactante, segundo me disse. Uma "virada de chave", palavras dela, que afetaria não só a agenda profissional como também o cuidado com aspectos pessoais relegados para segundo plano.

Encerrou a sessão com um plano de ação para organizar a agenda com metas de reuniões semanais com a equipe, tempo para escuta dos clientes internos e espaço livre para os imprevistos, pois já havia constatado que "os imprevistos são previsíveis", como ela mesma disse. O maior desafio era deixar de ser operacional, algo que fez a vida toda para ser líder e gestora. Cuidar dos processos e das pessoas.

Quando, no final da sessão, perguntei-lhe qual era a garantia de que ela realmente praticaria tudo o que havia me dito, ela simplesmente sorriu e respondeu: "você verá! Vou organizar a minha vida e a da equipe!" Não duvidei de que conseguiria.

Como o nosso contrato previa sessões quinzenais, eu fiquei ansioso para ver os resultados. De fato, sinto isso com cada cliente. Torço para que os objetivos sejam realmente alcançados e a tomada de consciência provocada pelo processo de coaching se manifeste pela mudança de comportamento. Com alegria, constatei isso em Helena na sessão seguinte.

Naqueles quinze dias, ela fez reuniões com sua equipe e iniciou o processo de escuta com os clientes internos. Contou-me que a solução do espaço para "imprevistos previsíveis" funcionou muito bem, mas que ainda ficava até mais tarde no escritório e precisava encontrar solução para isso. Achava que o caminho era delegar mais. Era outro ponto a melhorar, que foi trabalhado naquela sessão.

Como sempre, ela já chegou com o objetivo muito claro: precisava entender melhor como delegar de maneira efetiva não só para aliviar a carga de trabalho mas também para favorecer o desenvolvimento, a maturidade e a criatividade da equipe. Isso era de grande relevância para ela, sobretudo pela péssima experiência anterior com um de seus chefes, que, a pretexto de estar delegando, na verdade apenas repassava tarefas desagradáveis e não dava nenhuma autoridade para tomada de decisão, ou seja, ela e outros recebiam a responsabilidade de executar muitas tarefas, mas somente ele decidia no final.

Ela precisava estar segura de praticar uma delegação que fizesse a equipe se sentir motivada, autoconfiante e valorizada, e sabia que para isso era necessário vencer também algumas inseguranças.

Quando perguntei o que precisávamos conversar para alcançar esse objetivo, ela hesitou inicialmente. Como era proativa, já tinha em mente o que delegaria a cada um e como cobraria os resultados. Após uma longa pausa, achou que não seria o melhor caminho e, ao me pedir ajuda, apenas indaguei o que ela julgava ser melhor.

Lembrou-se, então, de que havia cursado MBA em Gestão, a teoria da liderança situacional, e que isso poderia ser útil. Pedi que recordasse e me falasse em linhas gerais como havia entendido o que fora apresentado no curso. À medida que contava sobre os quadrantes relativos aos níveis de desenvolvimento dos liderados tanto em conhecimentos técnicos quanto em atitudes, ou seja, motivação e empenho para executar as tarefas, ela percebeu que não poderia delegar tudo e igualmente a todos. Quis saber como aquele conhecimento poderia contribuir para o objetivo dela. Pediu-me um tempo.

Observei pela tela do computador que ela refletia e escrevia com rapidez. Alguns minutos depois, disse ter concluído que deveria dar tratamento diferenciado a cada um da equipe. Os dois trainees estavam muito empolgados, mas não conheciam suficientemente as tarefas a ponto de receberem uma delegação. Por algum tempo, eles precisariam de direção e treinamento, o que ela poderia delegar a um dos analistas, responsabilizando-o pela tarefa. Isso seria também um modo de ele se desenvolver, visto que já havia demonstrado baixa motivação e o desafio certamente seria muito positivo.

Dos quatro analistas, percebeu que somente dois estavam preparados para uma delegação propriamente dita a ponto de poder dizer para eles "Vão em frente! Resolvam! Não dependam de mim! Me informem o que estão fazendo para eu tomar conhecimento." Qualquer um dos dois poderia substituí-la eventualmente e até mesmo ser promovido em pouco tempo. Um outro precisava de mais atenção, e ela estava disposta a investir pedindo alternativas de solução para os projetos, argumentos e análise crítica dos aspectos envolvidos.

Quando ela falava de cada situação, eu percebia seus olhos brilharem, como se tivesse descoberto o caminho das pedras. Foi quando decidi perguntar qual talento ela estava expressando naquele momento. Respondeu-me que estava se sentindo empoderada, com uma capacidade que desconhecia. A insegurança mencionada no início da sessão havia se dissipado.

Eu aplaudi e procurei saber o que a descoberta tinha a ver com o objetivo apresentado por ela na sessão. Muito segura, respondeu que o sentimento que a dominava e o aprendizado eram tamanhos que a ajudariam não só a respeito de delegação mas também a como deveria observar o empenho, o comportamento e a entrega de cada um, e sobretudo a ser uma parceira no desenvolvimento da equipe.

Pareceu-me que estava chegando o momento de concluir a sessão. Antes, perguntei-lhe se estava satisfeita com o resultado ou se queria aprofundar algo mais. Ela concluiu a sessão com euforia e me disse: "me aguarde para as próximas".

Assim, fiquei aguardando... Quando entrou no Zoom, demonstrava certa ansiedade. Após os cumprimentos, falou logo sobre as decisões que havia tomado nas duas semanas anteriores e, como de praxe, para ir direto ao ponto, disse que estava um pouco angustiada – como eu havia percebido – e esse era o assunto que trazia para mim naquela sessão.

— O que, precisamente, você quer trabalhar hoje? — perguntei.

— Sabe, eu já sabia que precisava melhorar a minha habilidade de comunicação; o assessment sinalizou isso. Mas, no fundo, eu não dei tanta importância, falava o que tinha de falar, dava os meus recados e achava que resolvia bem as coisas, pelo menos achava que resolvia...

— Fale mais sobre isso — pedi.

— Bem, eu estava certa de que me comunicava bem. Você já deve ter percebido que sou bastante objetiva e direta, o que considero uma qualidade. Procuro resolver logo o que chega para mim e, quando preciso passar a informação, também sou bastante focada. Fiquei surpresa quando, anteontem na reunião com a equipe, me deram a entender que algumas questões não estavam claras e por isso alguns projetos estavam atrasados, coisa e tal. Na hora, fiquei meio p. da vida e deixei transparecer que estava aborrecida. Para não piorar, eu pedi um tempo e disse que voltaria a conversar com eles. Precisava trazer isso para esta sessão antes de me reunir com a equipe de novo.

— E o que você gostaria de levar como resultado desta sessão? — insisti.

— Quero ter a certeza de que estou me expressando bem, sem deixar nenhuma dúvida que venha a afetar os resultados da equipe. É isso!

— O dom da fala... — comentei.

— Isso! Para o bem dos resultados da equipe — concluiu.

Aproximei meu rosto da câmera para dar ênfase à pergunta:

— Como vamos saber que conseguirá alcançar esse objetivo nesta sessão?

— Não sei — disse. — É diferente das sessões anteriores.

Olhou para o alto e ficou em silêncio um bom tempo.

— Pensando bem — retomou a palavra — não quero só encontrar um jeito de tratar do assunto com eles na próxima reunião. O que eu preciso é estar segura de que estou me fazendo entender, porque até o momento eu estava certa de que me comunicava muito bem.

HELENA | 4ª SESSÃO

Novamente parou de falar e ficou olhando para o alto, como se estivesse procurando mais palavras para prosseguir.

— Acho que, se eu me sentir segura de que uma mudança em mim vai surtir efeito positivo em meu relacionamento interpessoal, vou ficar muito satisfeita — respondeu, enfim.

— Ok! Então, o que pretende, de fato, é sentir-se segura...

Nem me deixou terminar e completou:

— Segura o suficiente para mudar o meu comportamento.

— Quando você estiver se sentindo segura assim, como será a Helena?

— Vou me comunicar de modo mais assertivo, vou me fazer entender e compreendê-los melhor.

— Qual é a importância dessa mudança para você? — eu quis saber.

— Como disse quando contratei você, estou mesmo a fim de ser uma líder que inspira, e não mais ser reconhecida como uma boa técnica. Isso já é passado. Me dei conta de ter um problema na maneira de me comunicar que não está ajudando, então eu que tenho de mudar, e não os outros.

— Eu escuto duas situações de tudo isso que você já falou: a comunicação com a equipe e essa questão de se sentir segura. Qual das duas você gostaria de começar a explorar nesta sessão?

— Hummm... Não sei... Pode ser sobre como deve ser o comportamento para liderar assim.

— Compreendo. Então, vamos lá! Imagine-se se comportando como essa líder que inspira... Como está agindo?

— Boa pergunta! — exclamou.

Novamente um silêncio prolongado. Resolvi provocá-la a refletir sobre o que aquele longo silêncio estava dizendo a ela. Disse-me que sempre se considerou muito objetiva, até mesmo pela profissão que escolheu, e essa objetividade contribuiu bastante para seu trabalho até então. Era "pá pum" e resolvia tudo. Foco nos resultados. E esse jeito de ser não funcionava muito bem para a função de líder. Em determinadas situações, precisava ser mais explícita, talvez mais detalhista e dizer o óbvio.

— Para ser, de fato, inspiradora, precisaria melhorar muito a comunicação... — disse, balançando a cabeça como se estivesse processando tudo o que havia dito.

Percebi que deu um tapa na mesa e exclamou:

— O óbvio precisa ser dito, p.!

— E o que mais precisa ser dito além do óbvio e você ainda não está dizendo? — indaguei novamente, aproximando-me da câmera.

— Acho que essa é a parte mais difícil. São quatro homens na equipe, um deles mais velho que eu e só as duas trainees são "meninas" – exigência minha na contratação para dar maior equilíbrio à equipe e, de certo modo, me fortalecer. Hãã... Isso, sinto que preciso demonstrar força e não posso expressar nenhuma emoção que transpareça fraqueza.

— Entendo. Demonstrar força, e não fraqueza.

— Exato! — respondeu.

Nesse momento, caiu a conexão da internet. Poucos instantes depois, quando retornou, perguntei-lhe:

— O que estamos trabalhando mesmo nesta sessão?

— Preciso me comunicar melhor porque quero ser uma líder inspiradora para a equipe.

— Permita-me fazer um comentário: se você achar que faz algum sentido, a gente aprofunda. Se não, deixa para lá. Pode ser? — disse-lhe.

— Claro! O que é? — arregalou os olhos, aproximando-se da câmera.

— Quando você falou que precisava demonstrar força e não fraqueza, a conexão caiu. Há alguma relação com o que você acabou de falar?

— P. que pariu! — exclamou, gargalhando. Logo se desculpou e ficou me olhando como se tivesse descoberto a solução para o aquecimento global.

— Percebo uma emoção diferente agora. O que está acontecendo? — provoquei.

— Se eu continuar demonstrando força e escondendo minhas fraquezas, não haverá conexão com a equipe. E, sem conexão, não serei uma líder inspiradora. Simples assim.

— Fantástico! Então, me diga: se fizer sentido para você, o quanto esse insight ajuda a atingir seu objetivo?

— Agora foi um achado incalculável! Incrível! Era isso mesmo! No alvo!

— O que está sendo revelado neste momento? — eu quis saber.

Ela escondeu o rosto com as mãos por um instante e, quando as retirou, disse achar que precisava se impor como chefe e, se mostrasse sua eventual fraqueza, poderia perder o respeito da equipe. Percebeu que isso não fazia nenhum sentido para quem queria ser uma líder inspiradora. Para tal, precisava criar conexão com cada pessoa da equipe e não conseguiria se conectar se não se mostrasse um ser humano que também tem falhas. Perguntei então como esse novo comportamento que ela acabava de descrever contribuiria para o alcance de seu objetivo.

— Não vai ser fácil para mim — respondeu —, mas se eu aceitei o desafio da liderança e quero exercer da melhor maneira possível, o que para mim significa ser inspiradora, eu tenho de mudar. Achava que estava indo bem, mas me enganei ao pensar que minha objetividade na comunicação era uma qualidade, sem me dar conta de que não estava sendo bem entendida. Então, preciso checar o entendimento antes de qualquer coisa, preciso escutar mais e...

Parou de falar de repente e voltou a olhar para o alto. Fiquei aguardando.

— E pedir desculpas, pedir ajuda. Reconhecer minhas falhas, minha insegurança e dizer que preciso contar com todos. Assim não somente eu, mas todos seremos mais fortes; acho que é isso...

— Você disse há pouco que queria se sentir segura o suficiente para fazer essa mudança... O quão segura está se sentindo agora?

— Hããã... Em uma escala de 0 a 10, eu me daria talvez nota 8. Com a minha disposição, eu consigo.

— Muito bem, Helena! — reconheci e sondei se já podíamos caminhar para o final da sessão. Quando ela disse que sim, perguntei:

— O que aprendeu sobre você nesta sessão?

— Ah! Muita coisa sobre a qual ainda preciso refletir... O principal é que eu estava usando inconscientemente uma máscara para me proteger. Por pensar que era um comportamento adequado para a "chefia", não percebia a minha contradição. Não estava sendo autêntica, ou melhor, não me fazia conhecer como eu realmente sou. Isso mexeu muito comigo!

— Imagino! — disse eu. — Qual é o impacto disso em outras áreas de sua vida?

— Não sei responder de imediato, mas está bem claro para mim que devo dedicar um bom tempo para refletir sobre o que percebi nesta sessão. Comecei achando que deveria aperfeiçoar minha habilidade de comunicação com a equipe e estamos terminando a sessão com uma revolução interior, que vai ajudar não só minha comunicação com a equipe mas também a mim mesma em referência a todos os meus relacionamentos. Isso ainda vai me fazer pensar muito! Obrigada!

— Há algo que ainda precisa ser explorado nesta sessão?

— Preciso de um tempo. Até a próxima sessão você verá mudanças em mim. Hoje foi fundo demais...

— Fico feliz com você — celebrei. — Até a próxima!

## Reflexões de Dulce Soares

*A SUPERVISÃO COMO UMA PRÁTICA ESPIRITUAL*

*É possível adotar uma atitude de supervisão encarando a supervisão como um processo reflexivo que permite aos participantes pensar profundamente sobre a vulnerabilidade de suas vidas, valores, trabalho e carreira, relacionamentos e conexões [...]*

**Michael Carroll**

Robson me procura para agendar uma sessão de supervisão e penso, lá em meu íntimo: "Oba! Vou para um lugar para lá de especial e muito sagrado para mim: o lugar de supervisora de coaching, que nada tem a ver com fiscalização, mas, sim, com um lugar de desenvolvimento e aprendizagem para ambos. Supervisor e coach, um lugar de troca, de comunhão, de paz mesmo. Eva Hirsch, em um artigo belíssimo sobre supervisão, na *Revista Coaching Brasil*, cujo tema foi Fábrica de Coaches, Edição 8 de 2014, trouxe outra excelente definição. Enquanto conversava com Alice, aquela do País das Maravilhas, as palavras de Eva saíram do mundo das ideias para entrar no mundo real:

> [...] para entender a essência do processo de supervisão: é como se eu entrasse numa sala em que todas as paredes fossem revestidas de espelhos, e meu supervisor me fizesse observar as diferentes perspectivas possíveis, para analisar os casos que atendo. [...]

Robson agenda a sessão comigo e, no dia seguinte, cerca de três horas antes, me envia um briefing de três clientes seus. Preparo-me para a sessão com os rituais que costumo fazer. Primeiro, entro em meu escritório trinta minutos antes, respiro, sinto a vida que habita em mim. Em seguida, faço um exercício de *mindfulness* e lembro de minha escolha vocacional de promover desenvolvimento para mim e para o Grande Outro. Então, renovo meus votos e penso na magia do Encontro de Eus. Por último, mas não menos importante, lembro de colocar a minha intuição dentro de minha sacola imaginária.

Robson entra na sala do Zoom, trocamos amenidades e eu pergunto qual caso ele gostaria de explorar na sessão. Ele comenta sobre os três casos que resumiu e me enviou anteriormente, mas começa dizendo que gostaria mesmo de conversar sobre uma cliente atendida quinzenalmente por ele, Helena.

Pedi que me falasse sobre Helena. Ele fala sobre a admiração que sente pela jovem, pois pela primeira vez atende uma cliente promovida a líder que decide fazer coaching por conta própria, ou seja, não é a empresa que patrocina o coaching, mas, sim, a própria Helena. Por causa da agenda e em razão de o cargo ser uma novidade, ela resolve fazer sessões quinzenais com receio de não ter tempo de "ver tudo". Diz ainda que a cliente teme repetir os padrões do antigo chefe de querer "tudo para ontem" e resolve, com base no resultado do assessment, investir nas oportunidades imediatas de melhoria, pois constata que a liderança é a competência a ser trabalhada no processo de coaching por ser marinheira de primeira viagem. Eu escuto atentamente e pergunto:

— E você, Robson? Quais pensamentos passam por sua cabeça quando resgata a escuta de Helena, agora afastado e conversando comigo sobre ela?

Robson diz que Helena se assemelha muito a ele no início de carreira de líder, quando faziam os trâmites da contratação e explicavam o que é coaching e o que não é.

Helena disse que desejava ter um assessment no processo de coaching. Ao ouvir isso, Robson tratou de se inscrever em uma imersão sobre assessment de liderança que já namorava há tempos e resolveu, então, utilizá-la no processo. Ele diz ainda que essa cliente é o "número certo" para o processo de coaching: é objetiva, não nega a realidade, mexe onde precisa mexer, tem autonomia; isso é maravilhoso para o trabalho que vão desenvolver.

Robson contextualiza e me explica que, no momento, estão na 4ª sessão e ela usa abordagens teóricas no processo, como a liderança situacional, e isso demonstra o tamanho da capacidade potencial dela.

Eu faço uma nova intervenção:

— Se eu pedir para você fazer um brainstorming sobre Helena, o que vem à sua cabeça?

Ele responde sem se preocupar com ordem, com certo ou errado, apenas com o pensamento puro, como sinaliza a técnica Tempestade de Ideias.

A seguir, os pensamentos puros, ou seja, as "matérias-primas" sem edição.

1. Uma excelente profissional técnica convidada para ser gestora

2. Coaching **com** assessment *versus* coaching **sem** assessment

3. A competência acordada no processo de coaching é a liderança

4. As competências que emergem ao longo das sessões de coaching: gestão do tempo, delegação – comunicação – assertividade

5. Sessões quinzenais

Pergunto:

— De todos esses tópicos que me contou, qual você gostaria de começar a explorar aqui em sua sessão de supervisão?

Robson fica em silêncio por uns três minutos, reflexivo como sempre.

— Penso que dois estão bem presentes em meu espaço vital, não paro de pensar neles. É a primeira vez que faço coaching com assessment, você sabe, sempre usei o exemplo do problema como estratégia de intervenção. Entretanto, Helena comentou, assim que me procurou, que gostaria de fazer um assessment dentro do processo de coaching. Há tempos venho pensando em fazer um curso para o qual já me convidaram várias vezes, foi uma oportunidade de atualizar-me. Inscrevi-me no curso sobre assessment de liderança e resolvi, então, usá-lo como instrumento de intervenção neste trabalho.

— Ok, e o segundo tópico?

Aqui o silêncio é mais longo... Quase sete minutos, ele chega a suspirar e eu intervenho novamente logo depois do suspiro.

— Robson, se usássemos palavras ou frases no silêncio embalado por esse suspiro, quais seriam ditas aqui?

— Dizem que eu devo ser o mais imparcial possível com ela e que não posso me misturar.

Novo silêncio. Ao observar sua fisionomia, tive a impressão de estarmos no quarto escuro de um fotógrafo do século XX, assistindo à revelação de um filme de câmera analógica clareando aos poucos o impacto em si mesmo.

Ele respira fundo e diz:

— Dulce, ela se assemelha muito a mim em meu início de carreira. Eu também tinha um chefe que queria tudo para ontem, reconheço agora o que me preocupa. Identifiquei que o assessment pode realmente me ajudar, me proteger de qualquer possibilidade de "invasão" de minha parte.

É visível o quanto fica aliviado. Compartilho que, ao ler o briefing que me enviou três horas antes da sessão, o primeiro pensamento em minha mente foi exatamente este: quando fui líder pela primeira vez... E o quanto eu e ele somos parecidos; identifiquei um processo paralelo aqui.

E novamente temos um momento longo de reflexão... Eu e Robson.

Aproveito e pergunto:

— Que pensamentos estão passeando em seu mundo interno? Me conta?

— Dulce, tive um insight muito poderoso. Meu desafio é *integrar e não misturar*! Integrar significa agora, refletindo com você, fazer perguntas com base nas respostas que ela me dá e lembrar que quem vai responder é a Helena, e não eu. Podemos até ser parecidos: ela é objetiva, mexe onde tem de mexer, não nega a realidade, tem autonomia. Dulce, exatamente como nós, como eu e você! Somos assim também e, por mais que as pessoas sejam parecidas, elas também são diferentes...

— Sim, um processo paralelo e tanto que você identificou. E o que mais podemos garimpar nessa semelhança?

Robson, objetivo como é e desejoso de mexer onde tem de mexer, verbaliza:

— A semelhança traz no pacote também as diferenças, porque os opostos estão sempre próximos.

— E quais seriam os opostos ou aquilo que é diferente? — pergunto eu.

— Eu me vejo mergulhado em dimensões de funcionamento diferentes de Helena. Percebo que ela é uma jovem mais cognitiva, há sempre uma estratégia rondando seu pensamento. Nada contra, mas identifico que sou mais transcendental, focalizo mais o processo, e ela, o resultado.

Aproveitando a objetividade de Robson, sigo conversando e explorando com meu cliente toda essa trama, agora com base no 3º olho do modelo dos Sete Olhos, de Peter Hawkins.

— Sei... Como você percebe sua relação com ela? Como é a "dança" de vocês nas sessões?

— Na sessão, tudo flui, Dulce. A minha preocupação é *não ver tudo*.

Observe, leitor, que temos aqui um ponto em comum entre o coach e o cliente. Helena pede intervenções quinzenais para ter tempo de "ver tudo", e Robson diz que uma de suas preocupações é "não ver tudo"... Penso em meu mundo interior: o que há para ver aqui? O que estou vendo em Robson e o que não estou vendo em nós? E mais: o que vejo nesta sessão de supervisão cujo foco é o sistema cliente/coach/supervisor em sete perspectivas diferentes?

E pergunto a meu cliente:

— Robson, o que está embaixo de nossos narizes e não estamos vendo nesta sessão?

E ele responde:

— Nossa! Como é bom fazer supervisão! Não vi antecipadamente a necessidade de assessment e vi essa outra perspectiva apenas quando a cliente pediu... O que sinceramente me ajudou muito, já que identifiquei algumas semelhanças entre mim e ela. Entretanto, outra coisa que vi agora, debaixo de meu nariz, é que *ver tudo* não significa ver todos os itens de uma lista e *não ver tudo* tem muita relação com ver, mas aprender a ver o que está *através*, ver através. Significa passar de um lado para o outro, ou seja, como é pensar sob a lógica de Helena e que privilégios tenho aqui, aprendendo um novo idioma existencial.

O fim da sessão de supervisão foi chegando... E eu perguntei a ele se poderíamos encerrar. Ele disse que sim, pois conseguiu se ver por inteiro na tal sala revestida de espelhos...

# CÉSAR — 3ª SESSÃO

*Nem todos os coachees estarão prontos para o coaching, mas devem estar cientes de que vai muito além de uma troca casual de informações e diálogo. Consiste em um trabalho de reflexão sério e árduo, definição de comportamentos, identificação e sustentação de mudanças de comportamentos necessárias. Significa honestidade e abertura que muitos executivos intransigentes e autocentrados se negam a admitir ou encarar.*

**Dave Ulrich**

## Provocações de Robson Santarém

Após participar de uma formação de líder coach conduzida por mim, César me procurou com o objetivo de promover o desenvolvimento das competências de liderança dos diretores de sua empresa. Trata-se de uma empresa de pequeno a médio porte, em expansão, com muitos desafios: entrada em outro mercado, novas aquisições e contratação de profissionais. Os três diretores sentiram a necessidade de um apoio externo que os auxiliasse a refletir sobre quais pontos precisavam melhorar a fim de enfrentar com sucesso os desafios e objetivos estabelecidos por eles para os próximos dois anos.

Na contratação, como é padrão, apresentei o que é o processo de coaching segundo a ICF. Esclareci para todos que não se tratava de uma capacitação como em um curso; tampouco uma mentoria, processo também relevante que consiste em compartilhar saberes e experiências visando ao desenvolvimento do mentorado; e muito menos psicoterapia, que visa cuidar da saúde psicológica do cliente. Esclarecer essas distinções é muito importante para o sucesso do processo e dá segurança a ambas as partes na concretização do contrato.

Para a ICF – pontuei –, o coaching é uma parceria com os clientes em um processo instigante e criativo que os inspira a maximizar seu potencial pessoal e profissional. Com essa definição como premissa, enfatizei que o relacionamento deve ser de parceria. Isso significa ser uma relação com base na confiança mútua entre iguais. Isto é, o coach não é superior em nada ao cliente, mas, sim, um parceiro que em uma relação horizontal e dialógica usa das competências e dos princípios éticos seguidos por ele para colaborar com o desenvolvimento pessoal e profissional dos clientes.

Percebi pela troca de olhares que havia uma dúvida no ar. Perguntei o que gostariam de saber e me responderam querer saber como ocorre o processo de coaching, já que eu não compartilharia minhas experiências e não se trataria de uma espécie de consultoria ou formação. Disse-lhes que o meu papel como coach seria eminentemente contribuir para o desenvolvimento das habilidades que julgassem importantes para o momento. Ou seja, auxiliar cada cliente a realizar seus objetivos pessoais e profissionais por meio de uma escuta sensível e ativa. Almejando, por meio de questionamentos instigantes, fazê-los refletir e encontrar por si mesmos as melhores soluções para os problemas e objetivos que vierem a apresentar.

Estou certo, afirmei – como faço sempre –, que cada pessoa tem dentro de si uma riqueza imensa de sabedoria e inteligência que possibilita refletir e encontrar o melhor caminho em direção a seu objetivo. Essa é a maravilha do coaching!

Propus uma rápida demonstração para eles, ali na hora, de um tema que pudesse ser compartilhado. Eugênio se prontificou e, em cerca de vinte minutos, fiz uma sessão de coaching com ele. Os três ficaram muito satisfeitos com o resultado, a sessão lhes pareceu muito interessante e eficaz.

Otávio, o diretor de operações, quis saber como identificar as habilidades que deveriam desenvolver. Respondi que, ao conhecer os próprios dilemas, desafios e objetivos a serem alcançados, eles seriam capazes de supor quais competências seria necessário desenvolver. Informei-os que o meu trabalho seria auxiliá-los nesse processo instigante. Além disso, expliquei que existem ferramentas de assessment que podem contribuir e mostrei como funciona esse instrumento.

Além desses artifícios, informei que outra maneira muito interessante é pedir feedback aos liderados e entre si, o que é extremamente positivo. Afinal, quem melhor para dizer que somos bons líderes se não os nossos liderados? Complementei dizendo que eles poderiam se ajudar mutuamente contando o que admiram no outro e o que pode ser melhorado, tendo em vista o propósito da empresa e os resultados que esperavam alcançar.

Reforcei que é muito importante ter como foco também os pontos fortes que todos temos. Quanto mais investimos no aperfeiçoamento daquilo em que já somos bons, não só ficamos mais confortáveis em nosso processo de desenvolvimento como podemos superar eventuais deficiências.

— Gostei disso — falou Eugênio, o diretor comercial. — Como podemos viabilizar esse feedback? Porque acho que o pessoal não vai querer falar diretamente para nós.

— Nesse caso — respondi —, poderia pedir que "falassem em Arial 12" — brinquei. E expliquei que poderíamos fazer um breve questionário ao qual responderiam anonimamente e enviariam para mim. Eu sintetizaria e daria uma devolutiva para cada um.

A confidencialidade é um princípio ético inegociável e eu garantiria a todos o sigilo das informações. Caso os três optassem por responder assim, poderiam fazê-lo. Para isso, faço questão de entregar o código de ética da ICF ao cliente. Honrar os princípios éticos preconizados pela associação, assim como as competências que fundamentam o nosso trabalho, é essencial para mim.

Esclarecidas todas as dúvidas, decidiram pela contratação e pelo exercício do feedback entre os pares e um grupo de liderados. No entanto, como a agenda dos outros dois diretores, responsáveis pela operação e comercial, estava muito ocupada, César, o diretor administrativo-financeiro, quis começar logo seu processo.

A primeira sessão ocorreu três semanas após a assinatura do contrato e foi dedicada à análise do relatório dos feedbacks recebidos e ao inventário das competências a serem trabalhadas ao longo das sessões. O feedback apresentou algumas qualidades da gestão de pessoas da empresa, por exemplo, pontualidade no pagamento dos salários, benefícios como plano de saúde, férias coletivas, 14º salário e convênios com instituições que proporcionavam facilidades, como colônia de férias, academia de ginástica etc.

No tocante à liderança, chamaram a atenção de César aspectos que ele relutou em aceitar. Foram listados:

- Distanciamento da equipe

- Formalidade na comunicação e no relacionamento

- Nenhum feedback

- Falta de informação/transparência com relação às questões da empresa (resultados, mudanças, futuro)

- Dificuldade para obter consenso em questões estratégicas (que logo identificou como opinião dos sócios)

Ficou, então, de refletir e apresentar na 2ª sessão as principais habilidades que, segundo ele, deveria desenvolver. Duas semanas depois, quando cheguei em seu escritório, às 14 horas, conforme acordado, logo após os cumprimentos, ele pediu para apresentar o que tinha feito. Por cerca de 40 minutos, discorreu sobre sua história como gestor e empreendedor, justificando comportamentos, contestando novamente os aspectos mencionados no feedback e informando que, mesmo assim, tomou algumas medidas para reverter aquelas opiniões infundadas, de acordo com ele.

Fez reuniões com cada um dos três setores a ele subordinados. Disse que queria deixar claros os papéis e as responsabilidades de cada um e que, qualquer dúvida, deveriam falar diretamente com ele, pois as portas estariam sempre abertas.

Em seguida, quis saber a minha opinião sobre o que tinha feito.

— Boa atitude, César — disse eu.

Seu tom de voz e sua postura ao relatar conotavam certa arrogância que justificava a percepção dos liderados a respeito de seu distanciamento da equipe e da formalidade na comunicação. Aquela súbita aproximação pareceu mais uma atitude artificial do que uma mudança de comportamento.

Incomodou-me, ao mesmo tempo, dar-me conta de que estava julgando e experimentando uma sensação que não me fazia bem. Afinal, tenho plena consciência da importância de estar por inteiro nessa relação de parceria com o cliente, mas, simultaneamente, também sei que sou humano com as minhas vulnerabilidades. Esforcei-me para praticar a presença e questionei:

— Para você, o que é importante trabalhar nesta sessão?

— Já estou agindo. O problema apareceu, fui lá e resolvi. Não é para isso que sou o líder?

Reconheci sua determinação para resolver logo os problemas e perguntei novamente o que gostaria de levar de concreto da nossa conversa de coaching. Sem titubear, respondeu que já estava se aproximando da equipe. Resolvi, então, perguntar a ele como se sentia, uma vez que a iniciativa para aproximar-se da equipe já havia sido tomada.

Durante um tempo, ficou me olhando sério como se não tivesse entendido a minha pergunta. Aguardei pacientemente. Por fim, disse que não havia entendido. Então, eu reformulei:

— Você havia me dito que aquelas opiniões eram infundadas, mas que mesmo assim decidiu tomar algumas atitudes para revertê-las. Como se sentiu ao fazer isso?

— Senti que estava fazendo o que devia.

— E o que espera que mude daqui para a frente? — indaguei.

— No fundo, eu acho que sei quem pensa assim e influencia os outros, e não se pode "dar muito mole" para esse tipo de pensamento. Fiz a reunião e vou ficar observando. Deixei claro as responsabilidades de cada um e disse o que vou cobrar. Acho que era disso que eles estavam precisando.

— O que percebeu sobre você com essa situação?

— Que eu não gosto de deixar nada para depois. O que tem de ser feito eu faço logo. Você não acha que agi certo?

— Interessante! Parabéns pela atitude! — disse eu, tentando valorizar sua conduta e criar o momento que fizesse fluir a conversa de coaching.

— Como não gosta de deixar nada para depois, o que mais você pode fazer para mudar a percepção da equipe a seu respeito?

— Vou pensar — respondeu laconicamente.

Como não havia mais tempo, ficamos de aprofundar na próxima sessão. Propus que refletisse sobre o tema até o nosso próximo encontro. E assim nos despedimos.

Senti que esse seria um grande desafio para mim. Concluí com o sentimento de que o processo não estava fluindo. Dediquei-me a me preparar emocional e espiritualmente para a próxima sessão, que ocorreu duas semanas depois.

César chegou à sala de reunião com cinco minutos de atraso. Aproveitei o tempo para fazer um exercício de respiração para estar 100% presente. Chegou agitado e, como anteriormente, quis logo falar sobre o que havia feito, abrindo o caderno para recorrer às anotações. Pedi licença, interrompi sua fala e perguntei o que trabalharíamos na sessão. Pensei que ele traria as reflexões que ficou de fazer, mas não tocou no assunto e respeitei sua decisão.

— Bem, na sessão passada eu contei a você sobre a reunião que fiz com eles. Deixei claro os papéis e as responsabilidades. Um ponto a menos. Quero tratar do outro ponto abordado por eles, que é a falta de feedback. Estamos ainda em fase de implantação de um sistema de avaliação de desempenho e vamos fazer a primeira reunião sobre isso apenas no meio do ano. Quero mostrar para você em que pé está o programa e pedir sua opinião...

— Estamos em março — disse eu. — E estou entendendo você dizer que apenas no meio do ano tratará do assunto feedback com a equipe, quando o sistema estiver implantado. E quer saber minha opinião sobre o sistema de avaliação de desempenho, é isso mesmo?

— Exato! — falou, revirando as folhas do caderno sem olhar para mim. — Acho que sua experiência é muito importante para me ajudar nisso.

Percebi que chegavam mensagens em seu celular; ele pediu desculpas e foi atender. Enquanto isso, respirei fundo algumas vezes, sem que ele percebesse. Precisava estar centrado para dar prosseguimento à sessão.

Quando desligou o celular, eu tomei a palavra.

— Concretamente, além de minha opinião sobre o sistema de avaliação de desempenho, o que você gostaria de obter nesta sessão de coaching?

— Se você me mostrar se o nosso sistema está de acordo com a prática do mercado e o que podemos melhorar, eu fico satisfeito — respondeu.

— César, preste atenção — disse-lhe calmamente. — Quando conversamos na contratação, você se recorda de que expliquei qual é o meu papel como coach? Que é uma relação de parceria na qual eu vou ajudá-lo a refletir e você mesmo encontrará as respostas e soluções para suas necessidades, lembra disso? Lembra também que exploramos bastante isso no curso que você fez sobre líder coach?

— Lembro. Mas esse assunto é importante e com sua experiência você poderia me ajudar. Além disso...

— No entanto, isso não faz parte do nosso contrato — interrompi. — Você entendeu bem a distinção entre consultoria, mentoria e coaching?

— Sim. Não tenho dúvidas — respondeu sem sequer olhar para mim.

— Então, permita-me perguntar qual relação você faz entre a falta de feedback sentida pelos liderados e a não implantação do sistema de avaliação de desempenho até o presente momento?

— Eu já sei que o feedback não deve ser dado somente na avaliação de desempenho. Você deixou isso muito claro no curso. Eu tenho aqui todas as anotações que fiz.

Remexeu algumas folhas de seu caderno enquanto falava.

— Aqui! Considerei muito pertinente quando você falou sobre aproveitar as oportunidades para praticar o reconhecimento e a abordagem do líder coach fazendo perguntas, a fim de que o próprio colaborador reflita sobre o que fez de positivo e sobre aspectos a melhorar, seja no comportamento, seja em processos sob sua responsabilidade.

— Muito bom, César! — reconheci. — E como você pode aplicar isso com sua equipe?

— Estou ciente disso. Acho que o principal desafio agora é implementar esse sistema que está dando muito trabalho e é fundamental para gerenciar o desempenho de nossos empregados.

— Compreendo. Como você sabe, não é meu papel como coach avaliar ou opinar sobre seu sistema. Posso sugerir que busque um benchmarking ou procure uma consultoria especializada nesse assunto.

Sua expressão denotou certa insatisfação com o meu posicionamento. Percebia que seus conhecimentos teóricos tinham fundamentos, entretanto tinha muita resistência para falar das próprias fraquezas e necessidades de melhoria. Tergiversava toda vez que tocava em algum ponto sensível surgido no feedback dado pela equipe. Cada vez mais demonstrava por atitudes e falas que se considerava melhor que os outros, não obstante os comentários feitos, os quais relutava em aceitar. Esses sinais indicavam que ele não estava pronto para o processo de coaching.

Senti que precisava buscar uma supervisão para dar continuidade ao processo e melhor atender esse cliente e quiçá outros. Decidi ousar e pedi permissão para lhe contar uma estória. Ele demonstrou certo estranhamento, mas aceitou.

César – disse-lhe –, uma lenda, acho que de origem budista, diz que um monge muito sábio habitava em um famoso mosteiro no alto de uma montanha e era procurado por muitas pessoas que buscavam iluminação. Certa vez, alguém de uma terra distante – conhecedor da sabedoria do monge – andou dias e noites com o objetivo de debater com ele as grandes questões relativas à existência humana. Carregava consigo anotações que ao longo do tempo havia registrado como questões fundamentais e estava tão seguro de suas convicções que se sentia preparado para o ansiado encontro com o velho monge. Após a exaustiva subida, quando chegou ao mosteiro o próprio monge o recebeu com cortesia à porta, surpreendendo o forasteiro, que meio indignado perguntou:

— Que mosteiro é este onde o mais sábio dos monges abre a porta aos visitantes?

O monge compreendeu que possivelmente ele deveria estar exausto da viagem e o convidou para uma xícara de chá. Mal se sentou, o homem disparou a falar tudo o que sabia, expondo suas certezas a respeito do que já vinha refletindo ao longo dos anos que sequer dava atenção ao monge, que servia o chá.

O monge, por sua vez, calmamente servia o chá enquanto ele falava e o líquido já transbordava da xícara, molhando tudo ao redor. Foi quando ele reagiu intempestivamente, dizendo:

— Para! Não vê que está derramando e molhando tudo com seu chá?

Nesse momento, o monge interrompeu e respondeu serenamente:

— Preste atenção! Igual a essa xícara, sua mente está tão cheia de certezas que nada que eu possa falar vai fazer diferença para você. Não está na hora de primeiro você esvaziar a xícara para poder conversar?

César escutou seriamente e, quando concluí, seus olhos estavam arregalados. Não sei se aborrecido ou indignado. Fechou imediatamente o caderno e cruzou os braços.

— O que podemos aprender com essa estória? — provoquei.

Permaneci em silêncio por um tempo e ele, com os olhos fixos em mim, esperava que eu dissesse algo mais.

Por fim, falou:

— Vou refletir. Você tem algo mais a me dizer?

— Gostaria de saber o que levou você, após participar da formação de líder coach, a contratar o serviço de coaching — disse-lhe.

— Acho que os meus sócios precisam do coaching e você viu que eles ficaram interessados. Não começaram apenas por questões de agenda. Quanto a mim, prometo que vou pensar muito sobre a estória que me contou. Obrigado.

Percebi que estava desconcertado, talvez.

— Você gostaria de dizer o que está sentindo agora? — perguntei.

— Não. Preciso refletir — respondeu. — Podemos encerrar por hoje.

Despedi-me com a sensação de que talvez o processo não fosse continuar. O cliente estava demonstrando grande resistência ao feedback e uma personalidade narcisística que o impedia de enxergar o quanto precisava melhorar. A situação me incomodava profundamente. Aprendi que, se não houver confiança do coach para com o cliente ou vice-versa, o processo não será eficaz. A parceria tem de ser boa para ambos.

Pensei com meus botões: de quais habilidades eu preciso para atender bem o César? O que mais eu deveria fazer para criar um espaço seguro para ele? E, ao mesmo tempo, pensava: será que ele estava realmente disposto a mudar?

Quantos gestores eu conheci – e existem muitos – que se julgam superiores e tratam os outros como subalternos? Quantos têm o ego inflado de tal modo que bloqueiam qualquer aproximação, questionamento e diálogo capazes de desestabilizá-los? Preferem manter distância da equipe, caso contrário podem "perder o respeito"... Como sensibilizá-los sobre a importância de mudar os modelos mentais que os impedem de enxergar que os novos tempos exigem outros tipos de comportamentos, como abertura ao diálogo, proximidade da equipe, relações mais horizontais e humanas? Como despertar a consciência de que liderar é muito mais que controlar, comandar e cobrar resultados e objetivos imediatos, é contribuir para a evolução da consciência de todos a fim de que encontrem sentido na vida e no trabalho? Quantos ainda não têm clareza sobre seu propósito como ser humano e sua missão como líder, reduzindo-a a mero gerenciamento de tarefas, cumprimento de prazos e metas, tantas vezes comunicadas sem dar-lhes o devido significado?

O conhecimento teórico não é suficiente para mudar o coração. Nele está a chave para se tornar um ser humano melhor, condição para ser um líder de fato: alguém capaz de reconhecer o potencial das pessoas e fazer emergir o que há de melhor nelas e inspirá-las, pelo exemplo, a se comprometerem com a mesma causa em sintonia com os valores do grupo a que pertencem.

Sei que a porta do coração só se abre por dentro, mas sei também que há alguma maneira de "bater" nessa porta para que se abra. Será esta a missão do coach: tocar no coração das pessoas?

# Reflexões de Dulce Soares

*Cheguei a uma conclusão amedrontadora, eu posso ser o elemento decisivo numa equipe. É a minha relação pessoal que cria o ambiente. É meu mau humor diário que gera o clima. Como líder possuo tremendo poder para fazer a vida do grande outro miserável ou alegre. Posso ser a ferramenta de tortura ou o instrumento de inspiração. Posso humilhar, ferir ou curar. Em todas as situações é a minha resposta que decidirá se uma crise poderá ser vencida ou vencedora e um Ser humanizado ou desumanizado.*

**(Autor desconhecido)**

Começo esta reflexão do lugar de supervisora transversalizada, pela educadora existencial humanista que sou, e constato mais uma vez que os clientes difíceis e "diferentes" de nós são os que mais nos ensinam... Ao ler sobre César, fui buscar todos os Césares com que esbarrei em minha vida. Devo registrar que sou grata a todos eles, até os que me fizeram "quebrar de monte" a cabeça pensando, sentindo, estudando, conversando com minha supervisora e com meus outros colegas supervisores, principalmente quando fazemos sessões de intervisões.

O cliente de Robson deixa em mim reflexões maravilhosas, as quais eu gostaria de compartilhar com você, leitor. A seguir, as que tocaram profundamente o meu coração:

1. O quanto o nosso GPS existencial nos protege e preserva. As oito competências nucleares ICF (Anexo I) dão o tom preciso para o processo não se esvair e se perder. Aqui identifico alguns pontos em que nosso protocolo pode funcionar como um "escudo protetor":

**a)** Robson entrega ao cliente o código de ética ICF e as oito competências nucleares que seguimos como um padrão de interação entre coach e cliente.

**b)** A acolhida de Robson quando César entra no *modus operandi* "resistência ao feedback dos liderados". O cliente discorre sobre sua história como gestor e empreendedor, justificando comportamentos, contestando novamente os aspectos mencionados no feedback [...] e, quando pergunta a Robson sua opinião sobre tudo o que fez, ele responde: "Boa atitude". Aqui, além da acolhida ao cliente, há uma percepção muito importante de Robson: ele identifica que está diante da manifestação do fenômeno da resistência. Constata o impacto do feedback dos liderados sobre César, como ele está lidando com isso e, logo em seguida, o impacto sobre si mesmo, pois percebeu em si uma sensação de julgamento que não lhe fazia bem. Esforçando-se para não entrar em uma contratransferência negativa, resgata nosso GPS existencial e lembra da competência 5, Mantém Presença. Infiro que Robson tenha se lembrado de Fernando Pessoa no poema "Para além da curva da estrada", como se Alberto Caeiro dissesse ao pé do ouvido para Robson: "Fica na estrada, não sai dela nem olha para além da curva." Robson olha para si e toma a decisão de acionar o protocolo ICF como um "escudo de proteção", perguntando ao cliente o que ele acha importante trabalhar na sessão.

Vale ressaltar que a transferência e a contratransferência não são prerrogativas dos consultórios psicanalíticos. Elas estão na vida e podem ocorrer na família, na escola, na empresa, em qualquer lugar. O ponto é que, na psicanálise, elas são material de trabalho, ferramenta de intervenção. Para nós coaches, mentores, supervisores e líderes, elas devem ser percebidas como um sinal de que precisamos nos fortalecer para não entrar na história do outro nem se envolver nela. Aos profissionais de ajuda como nós, recomenda-se sempre investir em autoconhecimento para conseguir identificar o que é nosso e o que é do outro por meio de vários recursos, como a psicoterapia e a supervisão, seja individual ou em grupo; todos são de grande valia.

2. A importância de vivenciar e internalizar tais competências, pois elas são ferramentas de trabalho – ou como chamo carinhosamente, GPS existencial – e podem garantir uma intervenção imparcial e profundamente humanizada.

Veja um extrato da sessão como exemplo: Robson percebe a troca de olhares entre os diretores e pergunta o que mais gostariam de saber. Aqui a comunicação não verbal se fez presente entre eles. Vale escrever que a comunicação não verbal é uma senha de todos os seres humanos e, para profissionais como nós, é uma ferramenta de trabalho, sejamos coaches, mentores, supervisores ou líderes. Na troca de olhares, Robson percebeu não estar claro o tema coaching e teve a postura de perguntar o que gostariam de saber. Os potenciais clientes responderam que queriam entender como o processo de coaching ocorre, já que Robson não compartilharia suas experiências e não se trataria de uma espécie de consultoria ou formação.

3. Recursos como exercícios de respiração, busca de autoconhecimento, identificação de nossos sentimentos e pensamentos, ferramenta de storytelling e a busca de um supervisor podem facilitar, e muito, o processo de coaching, seja um para um, seja um para muitos.

4. A consciência do coach profissional quando há o risco de ser "flechado" e de as transferências e contratransferências que envolvem todos os relacionamentos humanos entrarem em ação.

5. A postura de Robson ao buscar olhar e valorizar a "saúde" do sujeito, ou seja, o que o Grande Outro, no caso César, sabe fazer melhor.

6. A falta de feedback apontada pelos liderados por meio da ferramenta utilizada por Robson – "O Arial 12" – nos mostra, pelas atitudes de César, até que ponto estamos prontos para ver a verdade, ou melhor, a realidade externa vista por outras realidades internas.

7. Quanto de César pode haver dentro de nós? Chego a sentir a dor do cliente e entendo o que o fez negar tanto a realidade externa e focalizar o olhar apenas em seu caderno de anotações... Será fácil falar e demonstrar provas de nossas vulnerabilidades e dificuldades? O que sabemos sobre nossos medos? O que de pior pode acontecer?

8. Outra reflexão valiosa nesse caso: como é ver-se aos olhos do Grande Outro? E que olhos são esses? Será que esses olhos verão o nosso melhor? Ou se concentrarão apenas em nossas fraquezas?"

9. A coragem de Robson de ser autor. No decorrer do processo, ele volta ao acordo de coaching e relembra o que foi contratado, mas faz o cliente pensar e refletir o tempo todo sem julgar.

10. O uso precioso de uma ferramenta ontológica e filogenética "ultra, mega, trans, blaster" importante em nossa história como humanos: a contação de histórias ou, se preferir, o storytelling.

11. Outra reflexão é lembrar o quanto as histórias nos fazem enxergar nossa ingênua crença da certeza das coisas – muitas, inclusive. Mas, na verdade, por meio de histórias, ciência e filosofia, a vida nos mostra que as certezas fazem parte de um grande sistema de decantação de hipóteses.

**12.** Como sensibilizar os Césares sobre a importância de mudar seus modelos mentais? Ou, como Robson questiona, será essa a missão do coach? Tocar no coração das pessoas?

**13.** E por último, mas não menos importante, lembrar que a ReSistência deve ser honrada por todo profissional de ajuda, pois esse fenômeno significa na essência que estamos carregando algo não compreendido por nós sobre a pessoa ou a situação dela, que talvez tenhamos subestimado ou não considerado, ou algo que o líder está espelhando e, por isso, resiste ao liderado.

Devemos pensar: nesse ambiente cocriado por nós é seguro falarmos sobre diferenças, sejam elas raciais, de gênero, classe ou qualquer outra categoria? E digo mais: será que eu, profissional de ajuda, estou julgando meu cliente? Se estou, o que isso diz sobre mim? Somos parecidos ou diferentes? Ou ainda: meu cliente pode estar assustado? Se estiver, eu posso lidar com isso? Ou eu posso estar assustado? Como posso reenquadrar o comportamento? Pensando mais "comprido", como a resistência de César pode ser um tipo de supervisão para mim? Que regras minhas ele está quebrando? O que nós, ou eu como coach, não podemos falar na sessão? Resumindo: o que de fato ocorreu na sessão de César? Um fenômeno existencial, muito presente em todos os processos de aprendizagem humana: o da resistência.

A resistência é um mecanismo de defesa que inibe reviver o vínculo negativo. Observe: a "intenção" da resistência é proteção, por isso é um mecanismo de defesa. Manejá-la por meio da transferência é território de psicanalistas, pois quando ela emerge, segundo a psicanálise, podemos estar diante da cura. O analista representa a pessoa que gerou o vínculo de dor para, então, haver uma reedição do evento. Com isso, o tempo e o espaço alvos de dor voltam sanados para sua dimensão.

Como coaches, sabemos que nossa ferramenta de intervenção não é a transferência, mas, sim, as oito competências nucleares. Elas são o nosso escopo de ação, e é aqui que preciso registrar a maturidade de Robson, como pessoa e coach profissional, ao ser fiel ao nosso GPS existencial.

É mister termos a coragem de buscar, por meio de questionamento interno, o ponto em que "embolamos o fio" para, então, desatar os nós ou até mesmo cortá-los simbolicamente, se for o caso. E responder para si: o que esse cliente desperta em mim? Ele me faz reviver algo do passado que quero esquecer? Somos parecidos ou completamente diferentes? O que ele depositou em mim ou transferiu que me flechou? E como eu devolvi a ele, ou seja, como contratransferi? Como um contraponto de reflexão, agregando valor? Acolhendo-o sem julgar e questionando-o, de maneira imparcial e desapegada, para ele sentir e saber que estou ali com ele, no tempo e espaço atuais? Ou, porque fui flechado e não lidei bem com isso, devolvo o "balaço" ainda mais quente, rompendo o vínculo de parceria? Essa ação seria uma contratransferência negativa que confirmaria e ampliaria o vínculo interno já bastante dolorido e comprometido.

Vale explicar que transferência é uma conduta réplica, uma analogia emocional em que um Eu transfere fantasias que, se despertadas, tornam-se conscientes. Em outros termos, a transferência é um processo de adjudicação de papéis inscritos no mundo interior de cada sujeito. Ela deve ser entendida como a manifestação de sentimentos inconscientes que apontam para a reprodução estereotipada de situações, característica da adaptação passiva. Essa reprodução está a serviço da resistência à mudança, do evitar um reconhecimento doloroso, do controle das ansiedades básicas, que são: medo da perda e medo do ataque.

Podemos, então, inferir a presença de situações transferenciais em todo tipo de interação, que exatamente por serem interações proporcionam a aprendizagem da realidade. Penso eu que esse é o nosso maior desafio como profissionais de ajuda e o de todas as pessoas que buscam um mergulho pessoal, principalmente nesses tempos Vuca (representação da volatilidade e mudança recorrente do mundo) e Bani ("era do caos" representada pelo excesso de informações e pelo comportamento das pessoas em relação às mudanças atuais do mundo). É importante desenvolvermos os passos para o accountability a fim de ter maturidade existencial, dignidade e responsabilidade para reconhecer e assumir o que é seu, independentemente do Grande Outro. Como canta Milton Nascimento, ser "um caçador de mim" é uma grande escolha: "Por tanto amor, por tanta emoção, a vida me fez assim, doce ou atroz, manso ou feroz. Eu, caçador de mim [...]"

# ANDRÉ — 4ª SESSÃO

> *Líderes empresariais esclarecidos estão descobrindo que a ética e os valores são bons para os negócios. Quem você é e o que você representa tornaram-se tão importantes quanto a qualidade de produtos e serviços que você vende.*
>
> **Richard Barrett**

## Provocações de Robson Santarém

Cerca de seis meses atrás André assumiu uma gerência na multinacional em que trabalha há cinco anos. Contratado como supervisor de produção com uma equipe de quinze colaboradores, ele sempre obteve as melhores avaliações de desempenho e feedback dos pares e liderados, motivo pelo qual fora recomendado para essa posição com o desafio de gerenciar quatro líderes de equipes de produção, em um total de sessenta colaboradores.

Durante o período em que exerceu a supervisão, participou de vários treinamentos que lhe foram muito úteis para os resultados obtidos ao longo do tempo e favoreceram a promoção. Seus antigos pares agora se reportam a ele, e a empresa promoveu um dos colaboradores de outra planta para o cargo de supervisor que ele ocupara.

Segundo o pensamento de Ram Charan na obra *Pipeline de liderança*, André concluiu a segunda passagem: de líder de outros para líder de líderes, o que exige habilidades específicas para executar as novas responsabilidades. Nessa posição, o líder deve ter como principal foco a capacitação dos líderes a ele subordinados.

A nova responsabilidade também exige dele saber gerir o tempo demandado por supervisores e pelo superior, que lhe cobrará os resultados. A gestão da empresa estará atenta ainda a como ele vai praticar os valores – que são os direcionadores da organização – na tomada de decisão e no alinhamento da equipe.

André solicitou à direção da empresa que contratasse um coach para auxiliá-lo nesse novo desafio. Consciente de seus pontos fortes, quis maximizá-los, visto que a cobrança agora seria maior. Estava bem consciente quando escolheu as habilidades que queria trabalhar em cada sessão, embora demonstrasse certa ansiedade diante da pressão, que sentiu ser muito maior que as cobranças anteriores.

A segunda sessão foi muito produtiva. Resolveu bem a questão da gestão do tempo mediante a definição de prioridades e uma agenda semanal de reuniões com o grupo de supervisores de 30 a 45 minutos no máximo, bem como espaço para atendimento individual e reuniões previstas com o superior. Um grande aprendizado dito por ele foi ser rigoroso com a disciplina e dizer não – mais difícil inicialmente. Saber dosar rigor e disciplina, principalmente no cumprimento de prazos, com flexibilidade era um aprendizado contínuo. Assim, também educou os supervisores a tratar os assuntos com objetividade, estabelecendo metas e indicadores para acompanhamento.

Uma ideia genial dele durante a sessão foi organizar a agenda por cores:

- Verde: gestão de pessoas, o que inclui as reuniões

- Vermelho: tempo para planejar, pensar nas questões mais estratégicas da gerência e, como disse, "reuniões consigo mesmo"

- Amarelo: a agenda pessoal – família, cuidado com a saúde e lazer

- Azul: para os compromissos imprevistos ou aqueles que não podia deixar de resolver

Ao longo das semanas, demonstrou que as decisões tomadas estavam funcionando bem, inclusive a atenção para com a família – assunto considerado fundamental por ele. Queria dar atenção ao filho nascido há pouco mais de um ano e ao cuidado com a saúde: não abria mão de acordar muito cedo para fazer o que mais gostava, correr uma hora por dia.

André sabia bem da importância de delegar, o que já praticava na função anterior. Entretanto, no decorrer dos meses, deu-se conta de que o desafio era maior: liderar líderes exige muito mais! Esse foi o assunto tratado na 3ª sessão: mais autonomia dos supervisores. A experiência com a gestão anterior havia deixado sequelas de dependência do gestor, que centralizava as decisões.

Lembro que "o divisor de águas", segundo ele, foi a pergunta feita por mim sobre que líder pretendia ser a partir daquele momento. Abandonar a mentalidade de líder de equipe ainda presente e assumir nova postura abriu-lhe os olhos para reformular a maneira de se relacionar com os supervisores. Graças ao bom relacionamento que mantinha com cada um, conquistou o apoio e a confiança para o modelo que propôs construírem juntos.

Percebeu que a delegação praticada anteriormente com sua equipe não se aplicava agora, quando liderava líderes; era "um público diferente". Esse insight possibilitou-lhe, na primeira reunião com os supervisores, definir "as novas regras do jogo", estabelecendo o nível de autonomia, a clareza das expectativas e seu papel de criar condições para que cada equipe atinja os objetivos definidos pela empresa.

A cada sessão, ele chegava com ótimas notícias sobre o que vinha fazendo. Entretanto, não pareceu tão animado quando vi seu semblante na tela do computador. Era a nossa 4ª sessão e André estava claramente tenso.

— Boa tarde, André! Como passou esses dias? — perguntei.

— Tudo caminhava como planejado, de modo muito satisfatório, até que ontem à tarde o "bicho pegou". Não dormi direito e não estou nada bem.

Não parecia o André das sessões anteriores. Perguntei-lhe como gostaria de começar a nossa sessão.

— Há algum jeito de me deixar mais relaxado?

— Podemos fazer um exercício de respiração, uma pequena pausa. O que acha disso?

— Ótimo! Acho que vai ser bom para mim.

Após alguns minutos, quando o convidei a abrir os olhos, sorriu levemente e falou:

— Obrigado. Precisava mesmo dessa pausa.

— Gostaria de compartilhar comigo o que está acontecendo?

— Sim, claro! Esse é o problema que preciso resolver hoje ainda nesta sessão — antecipou-se.

— Qual é o problema?

— É sobre Antônio, supervisor que me substituiu. Ontem, alguns colaboradores da equipe, antes meus subordinados, me procuraram e fizeram muitas queixas sobre a liderança dele. A princípio estranhei, porque em nossas reuniões ele sempre apresentou resultados e estava empolgado com a promoção. Por outro lado, eu conhecia bem a minha rapaziada, trabalhamos juntos durante muitos anos e todos confiavam em mim, por isso me procuraram para conversar.

— Fala mais — pedi.

— A principal queixa é que Antônio gosta de mandar e, quando não sai do jeito que ele quer, o cara dá esporro. A turma não está acostumada com isso. Você sabe, o meu estilo de liderança é diferente, participativo. Gosto de conversar, de envolver o pessoal, procuro saber da vida de cada um, de suas famílias... Acho que foi assim que conquistei a confiança e a parceria de todos e posso até dizer, sem falsa modéstia, que deve ter sido um dos motivos de minha promoção para a vaga de gerente. Só não entendo o porquê de ele estar agindo assim, porque era tido como um excelente técnico na outra planta e foi avaliado pela empresa como um forte candidato para a vaga de supervisão aberta com a minha promoção.

Nesse instante, ele pediu licença para buscar água. Lembrei-me de alguns padrões que, segundo Ram Charan, devem ser observados para avaliar o potencial dos colaboradores em casos de promoção. Conhecendo o meu cliente, percebi que por seu histórico ele preenchia todos os critérios para a promoção à vaga de gerente que conquistou. No entanto, ao escutar o que me dizia a respeito de Antônio, pareceu-me que a empresa havia perdido um excelente técnico e corria o risco de ter ganhado um péssimo gestor, pelo menos por ora.

André voltou rapidamente. Gesticulava e alterava a voz como se estivesse em uma reunião presencial. E continuou:

— Não o conhecia anteriormente, soube que ele tinha sido o escolhido após ser designado para a gerência. Tive apenas uns três dias para apresentá-lo à equipe e dizer como funcionavam os processos, que não eram tão diferentes de onde ele vinha. Não participei diretamente da escolha, mas admito que na entrevista feita por mim ele me pareceu adequado. Quer saber? Dói ver a minha equipe reclamando de como as coisas mudaram para pior.

Interrompeu o que falava para beber e prosseguiu:

— Já até sei que a produção vai cair e ele ainda não disse nada em nossas reuniões. Estou p. mesmo com a situação.

— Entendo o que você está sentindo — disse. — Me diga, então, o que você quer alcançar nesta sessão?

— Preciso dar um basta nisso. Não só porque vai afetar a produtividade mas também porque não gosto de ver minha equipe sofrendo com o jeito dele de comandar.

— Sim... sua equipe sofrendo.

— É! Quer dizer... essa equipe é dele e é minha também. Além disso...

Percebi que ele ficou embaraçado. Seu olhar se desviou. Ficou um pouco em silêncio, como se estivesse buscando justificativa... Aguardei.

— Está certo! Estou sentindo a dor da turma com quem eu trabalhava diretamente, mas a minha principal equipe agora são os quatro supervisores. Indiretamente todos são minha equipe, mas cada supervisor cuida de sua turma e eu devo cuidar dos supervisores para que eles cuidem bem de seus times — respirou fundo quando concluiu.

— Então, André, o que mesmo você quer trabalhar nesta sessão? — insisti.

— Pois é... Na verdade, o que eu preciso é saber como resolver essa questão com o Antônio e ajudá-lo a se tornar um líder de verdade...

— Explica para mim o que você quer dizer com "ajudá-lo a se tornar um líder de verdade".

— Pela minha experiência e tudo que já aprendi e me trouxe até aqui, não dá para adotar esse modelo de "chefe", de comando e controle, e querer resolver os problemas na base do esporro. Obtive excelentes resultados com a equipe por meio do diálogo, do respeito e da valorização de cada um, orientando, treinando quando preciso, delegando aos mais experientes e acompanhando o desempenho deles. Sempre pratiquei o feedback e criei um vínculo com cada um deles, tanto que me procuraram agora para se queixar. Enfim, um líder de verdade tem de conquistar a confiança da equipe e inspirar com bons exemplos, ser próximo e ajudar no crescimento de cada um, obviamente visando também aos resultados esperados pela empresa.

— Muito bem! Deixa ver se eu entendi: o que você quer é saber como ajudar Antônio a praticar esse estilo de liderança pelo exemplo... E como vamos saber que atingimos esse objetivo em nossa sessão?

— Primeiro, preciso identificar um meio de fazê-lo tomar consciência de que suas atitudes não estão sendo bem recebidas pela equipe, para que depois a gente possa trabalhar seu desenvolvimento como líder.

Aproximei meu rosto da câmera e falei pausadamente: qual é a importância disso para você neste momento?

Ele sorriu e abriu os braços como quem diz o óbvio e declarou enfaticamente:

— É o meu desafio: agora tenho de provar que sou mesmo líder desses quatro supervisores e de todo o time!

— Está certo! E por onde você acha que devemos começar a nossa conversa para chegarmos ao objetivo que você definiu?

— Pode ser sobre o que eu devo fazer para chegar lá...

— O que pensa fazer a respeito?

— Acho que não devo dizer para ele que o pessoal veio se queixar comigo. Não é o melhor caminho. Até porque nas reuniões ele não tem demonstrado ter problemas.

Parou de falar e coçou a cabeça. De repente disse:

— Eu posso pedir ajuda ao RH. Nós temos uma *business partner* (BP).

— Que tipo de ajuda, André?

— Hummm... Ela pode conversar com a equipe, talvez. Ou melhor, fazer uma espécie de pesquisa de clima só para a minha área, entende? Porque a pesquisa da empresa vai ocorrer somente no próximo ano. Acho que seria um caminho... Não sei se isso demora. Estou em dúvida.

Novamente parou. Parecia estar hesitante. Coçou a cabeça.

— Tenho outra ideia. Poderia fazer um questionário anônimo para as quatro equipes, assim não pareceria algo direcionado para ele e mais coisas que não estou vendo poderiam até mesmo surgir.

— O que perguntaria nesse questionário? — provoquei.

— Algo mais objetivo e simples... Como costumo fazer mesmo nos feedbacks: "O que você aprecia em seu líder? O que poderia ser melhor para favorecer a equipe e os resultados?" Por aí... A BP pode até ajudar a elaborar melhor. Mas basicamente é isso.

— Se entendi bem, você está apresentando duas possibilidades: a BP fazer uma pesquisa de clima com sua área e outra é esse questionário anônimo, pedindo um feedback das equipes sobre seus supervisores. Quais são os prós e contras de cada uma dessas alternativas? — provoquei.

— Boa pergunta! — disse André. — Pensando bem, se a empresa adotar o procedimento de fazer micropesquisas de clima ao longo do ano, poderá corrigir alguns problemas em tempo hábil e não ficará esperando a pesquisa que costuma fazer. Poderia até criar um app para isso! A tecnologia facilitaria muito esse trabalho, não é mesmo?! Vou levar essa ideia adiante, mas para o meu objetivo de agora não é a melhor alternativa porque vai demandar tempo e preciso resolver logo. Por outro lado, o que estou chamando de questionário me daria uma resposta mais ágil. Só preciso de alguém para consolidar as respostas... Tenho de ver se a nossa BP pode fazer isso para mim.

— Deixe-me saber: como estamos caminhando com relação ao que você quer atingir nesta sessão?

— Primeiro que já estou mais relaxado, isso me ajuda a pensar melhor e discernir o que fazer. Suas perguntas estão me ajudando...

— O que vai ser diferente a partir de agora, André?

— Agora, fazendo isso, eu terei elementos para conversar com o Antônio...

André interrompeu o pensamento e ficou balançando a cabeça positivamente, com um leve sorriso nos lábios.

— Percebo que está brotando uma emoção diferente em você. O que essa emoção está dizendo agora? — inquiri.

— Nem sei explicar... Você captou bem... De fato, estou emocionado... Estou tendo clareza da minha responsabilidade não só com o Antônio mas também com os quatro. Essa experiência será de grande valor para todos nós, também para o meu aprendizado.

ANDRÉ | 4ª SESSÃO

81

— Como essa responsabilidade e esse aprendizado impactam a solução do problema que você apresentou?

— Eu cheguei para a nossa sessão muito irritado com o problema e agora vejo que posso aproveitar a situação e contribuir para despertar a consciência deles – não só do Antônio – sobre alguns valores fundamentais para o exercício da liderança, especialmente no que se refere ao relacionamento com a equipe. Vou usar o resultado desse questionário para sensibilizá-los e dialogar com eles sobre que tipo de líder eles querem ser e qual legado eles pretendem deixar na vida de cada um e na empresa. Penso que esse seja o ponto principal que vai mudar – assim espero – o comportamento de Antônio, bem como ajudar a nos integrarmos mais.

— O que você sente falando desse jeito?

— Hummmm... — longo silêncio.

— Yes!!! Essa é a grande questão! Eu queria fazer algo para mudar o comportamento de Antônio e estou me dando conta de que sou eu que estou mudando. À medida que me torno mais humano, mais acolhedor e compreensivo, eu consigo afetar e influenciar os outros. Os instrumentos que mencionei são importantes, porém muito mais é o meu jeito de conduzir. Reforçou ainda mais a importância de praticar os valores que sempre prezei em minha vida. Esse será o meu legado!

— Você acha que já é um bom momento para encerrarmos a sessão?

— Sim. Foi muito produtiva, como todas as anteriores. No entanto, hoje foi muito especial: além de encontrar uma solução de maneira mais tranquila, confirmou o quanto é importante ser coerente com os meus valores. Muito obrigado!

## Reflexões de Dulce Soares

*A Aprendizagem é a conduta mais econômica do Ser Humano, pois quando de fato aprendemos mudamos de verdade nosso comportamento.*

**Jorge Visca**

Como é bom ler esse fragmento do processo de coaching entre Robson e André! Vamos "combinar": clientes assim fazem com que tenhamos mais força para continuar promovendo desenvolvimento humano profissional mesmo com as adversidades da vida!

Temos uma sessão alinhada às oito competências ICF e aos respectivos marcadores profissionais. Convido você, leitor, a DesFiar o fio desse novelo comigo. Temos o caso de um cliente promovido a gerente de uma multinacional recentemente. Há cinco anos trabalhava como supervisor de produção, o que significa estarmos nesse momento diante de um líder de líderes, patamar que retrata a passagem 2, segundo Ram Charan na obra *Pipeline de liderança*.

O desafio agora maior e mais profundo fez com que André mais uma vez pedisse a contratação de um processo de coaching. Para DesFiarmos, precisamos de um ponto de partida, de um Fio. Começaremos pelos fios das competências nucleares da ICF, divididas em quatro grupos.

**Grupo A – FUNDAMENTOS**

Vamos falar da competência 1, Demonstra Prática Ética. Não foi necessário Robson definir e diferenciar os termos coaching, mentoria, consultoria e psicoterapia. Nesse caso, estamos diante de um cliente antigo e que sabe exatamente o significado desse trabalho. Ele está ciente e é um dos representantes de um mercado educado que sabe comprar e identificar as diversas modalidades de desenvolvimento. Vamos, então, direto para a competência 2.

A competência 2, Incorpora a Mentalidade de Coaching, tem como definição desenvolver e manter uma mentalidade aberta, curiosa, flexível e focalizada no cliente, comportamento presente em todas as atitudes do coach. Podemos citar várias situações em que esse *modus operandi* foi uma evidência. Logo no início, vimos em Robson sua postura aberta, flexível e com foco no cliente, por exemplo, quando atendeu ao pedido de André para ficar mais relaxado e propôs de maneira desapegada um exercício de respiração. A curiosidade vem também embalada por uma atitude de apoio, empatia e preocupação com o cliente quando o coach pergunta: "Gostaria de compartilhar comigo o que está acontecendo?" A própria pergunta de Robson já enuncia sua atitude de instaurar o lugar do cuidado, do cultivo da confiança e da segurança entre coach e cliente.

A competência 2 está relacionada à atitude do coach: sua performance, seu desempenho, sua entrega. É verdade que tal postura profissional é construída e conquistada ao longo de nosso desenvolvimento profissional. Para demonstrar essa competência na prática e que nos apropriamos desse modo de pensar, agir e sentir, ao longo da sessão o profissional deverá mostrar não apenas abertura, flexibilidade e foco no cliente mas também é importante desconstruir tais palavras para que todos possamos ter ações semelhantes ao exercer nossa categoria profissional.

É então que entram os marcadores profissionais PCCs específicos, mensuráveis e observáveis: 4.1, 4.3, 4.4, 5.1, 5.2, 5.4, 6.1, 6.5, 7.1 e 7.5 (Anexo III). Esses marcadores demonstram uma atitude aberta, flexível, curiosa e com foco, além de representarem outras competências: 4, 5, 6 e 7 (Anexo I).

Espera-se de um coach profissional ser alguém que respeita os talentos do cliente, suas descobertas e seu trabalho no processo de coaching. Estamos diante de uma modalidade de desenvolvimento humano muito mobilizadora, que faz "suar a camisa", que reconhece e apoia a expressão de sentimentos, percepções, preocupações, crenças ou sugestões do cliente, na qual o coach atua como um parceiro, convidando-o a responder da maneira que preferir às suas contribuições, pois sabemos que o processo é do cliente. Esse trânsito da competência 2 por outras competências apenas confirma o quanto nossa intervenção deve ser integrada, pois todas as competências são interdependentes.

Observe alguns comentários e perguntas de Robson ao longo da sessão. Elas demonstram uma atitude amparada em uma mentalidade, é seu Ser Coach, aberto, curioso, focado e flexível...

"Entendo o que você está sentindo..."

"Que tipo de ajuda, André?"

"O que perguntaria nesse questionário?"

"Quais são os prós e contras de cada uma dessas alternativas?"

"O que vai ser diferente a partir de agora, André?"

"O que você sente falando desse jeito?"

"Explica para mim o que você quer dizer com ajudá-lo a se tornar um líder de verdade?"

## Grupo B – COCRIAÇÃO DO RELACIONAMENTO

Esse grupo envolve três competências: 3, Estabelece e Mantém Acordos; 4, Cultiva Confiança e Segurança; e 5, Mantém Presença. André está na 4ª sessão, a competência de todo o processo é a liderança, mas sabemos que, de acordo com o nosso protocolo ICF, a cada encontro é feito um acordo de coaching para a sessão. O cliente já trabalhou a gestão do tempo, a capacidade de dizer não, a delegação, porém com uma desconstrução um pouco diferente do padrão, pois o desafio agora é liderar líderes e trabalhar em como pode desenvolver suas capacidades para ter o que "ofertar" aos outros. Dar maior autonomia para os supervisores é o tema que vem se descortinando ao longo do processo.

É justamente na 4ª sessão, depois de escutar e acolher o cliente, que Robson inicia com a pergunta de um milhão de euros, fazendo o acordo de coaching que dará o tônus da sessão: "O que você quer alcançar nesta sessão?" O cliente fala, Robson sumariza, usa a técnica do espelho da Branca de Neve, repetindo as palavras. Desconstrói termos para definir ou reconfirmar em que, de fato, o cliente deseja trabalhar, busca a medida de sucesso, o deixa à vontade para escolher por onde começarão a explorar, faz perguntas instigantes e personalizadas. Há um desdobramento natural entre as competências. As perguntas feitas pelo coach nascem das respostas dadas pelo cliente. É uma dança, como um tango argentino mesmo, em que tudo flui e se encaixa...

A competência 5 é evidenciada quando Robson expressa a curiosidade de aprender mais sobre o cliente, ao perguntar sobre o questionário que André começa a rascunhar em sua cabeça. Robson escuta, escuta e escuta... Até que pergunta: "O que perguntaria nesse questionário?" Sumariza e, logo em seguida, tira da cartola (ou do chapéu) o conhecido método socrático: "Quais são os prós e contras de cada uma dessas alternativas?"

## Grupo C – COMUNICAÇÃO EFICAZ

Esse grupo envolve duas competências: 6, Escuta Ativa; e 7, Evoca a Conscientização.

Quando vivenciamos uma sessão de coaching, seja um para um, seja um para muitos, é visível para o coach profissional o trânsito entre as competências. Se fizesse uma analogia, seriam prótons e nêutrons em busca de um emparelhamento. Esse tipo de encontro não obedece a uma hierarquia; pelo contrário, não há horizontalidade nem verticalidade rígida entre elas. O que ocorre é um encontro transversal. Por exemplo: a escuta ativa está elencada como competência 6, mas, se observarmos na prática, é com a escuta que começamos nosso trabalho.

O acordo de coaching está elencado como competência 3, mas sabemos que, para iniciar qualquer projeto na vida – seja pessoal ou profissional –, é condição *sine qua non* saber onde estamos e para onde vamos. No protocolo e no grupo C, não é diferente. Escutar ativamente é concentrar-se no que o cliente está e não está dizendo para entender plenamente o comunicado, de acordo com o contexto e com os sistemas do cliente, e apoiar sua autoexpressão. Na sessão, vimos Robson convidar André a desconstruir sua afirmação: "Explica para mim o que você quer dizer com ajudá-lo a se tornar um líder de verdade." Ao interagir dessa maneira desapegada, sem PREconceitos, e perguntar com o objetivo apenas de aprender mais sobre o cliente, teremos acesso aos ditos, não ditos e interditos do Grande Outro.

Outro ponto importante da competência 6 é a comunicação não verbal. Sabemos que o corpo fala como uma das ferramentas de nosso Eu, e isso se dá por gestos, expressões fisionômicas, timbre de voz etc. Mais um exemplo coletado por mim como evidência na sessão: "Percebo que está brotando uma emoção diferente em você. O que essa emoção está dizendo agora?" André estava com um leve sorriso nos lábios. Na pergunta de Robson, temos um exemplo de entrelaçamento com predominância das competências 2, 4 e 5. Com a simples pergunta, na prática estamos dizendo a seguinte pérola nas vestes de um não dito: "Eu estou aqui com você e **vejo** você!"

"Navegando" na sessão, percebo a evocação da consciência emergindo no cliente várias vezes. André é um profissional muito bom, gosta de suar a camisa, é um executivo "número certo" para o coaching. Sua sessão é carregada com a energia e a competência de responsabilização.

A competência 7 nasce de um espaço fértil de ConVersas, em que um Eu fala com outro Eu. Este, dependendo da perspectiva, pode ser chamado Tu em uma verdadeira dança dialógica e dialética. A palavra conversar vem do latim *conversari*, cujo significado literal é dar voltas em companhia. Nessas voltas, pode emergir um insight ou um clique. Quando isso ocorre, algo dentro da sala mais interna do Eu emerge como um submarino e tudo que precisa vir vem à tona. Costumo brincar dizendo que precisamos ser coaches obstetras de parto normal. O "cliente-gestante" é quem vai parir suas consciências por meio de um processo profundo de evocação, com perguntas imparciais e inéditas. É mister que o coach use ferramentas e técnicas, por exemplo, questionamento poderoso, silêncio, figuras de linguagem como metáfora e analogia.

Por último, mas não menos importante, estamos diante do Grupo D.

### Grupo D – CULTIVO DO APRENDIZADO E CRESCIMENTO

Temos aqui a competência 8, cujo objetivo é transformar aprendizado e descobertas em ação, promovendo a autonomia do cliente no processo de coaching. Exemplos da presença dessa competência e de alguns de seus marcadores:

- Um checkpoint na 3ª parte da sessão: "Como é que estamos caminhando com relação ao que você quer atingir na sessão?"

- "Como é que essa responsabilidade e esse aprendizado impactam a solução do problema que você apresentou?"

Acompanhe meu pensamento, leitor. A competência **1, Demonstra Prática Ética**, dá o tom: o que é e o que não é coaching, a diferença de outras abordagens de desenvolvimento humano e, logo em seguida, mergulha-se na qualidade de Ser Coach por meio da competência **2, Incorpora a Mentalidade de Coaching**. Essa competência tem correlação direta com as competências **4, Cultiva Confiança e Segurança; 5, Mantém Presença**, que nos ensina como Estar e Ser na sessão com o Grande Outro, nosso cliente; e com a competência **6, Escuta Ativa**, que para mim é o pulmão desse grande protocolo acadêmico-existencial. Escutamos os ditos, não ditos e interditos de maneira orgânica, emocional e lógica. Há também a correlação com a competência **7**, que trata da **Evocação da Consciência** e vai nas profundezas da sala mais interna do Eu para trazer o material mais autêntico e genuíno. Entretanto, é na competência **3, Estabelece e Mantém Acordos**, que teremos o tônus da sessão: o contrato, o que você quer alcançar na sessão, como vai saber que atingiu tal objetivo, quais sinais indicarão que a sessão "diga" a que veio. Para encerrar com um laço bem bonito, identificamos o que estava coberto, "embaixo do pano". Des-Cobrimos nossos aprendizados e os transformamos em ações, papel da competência **8, Facilita o Crescimento do Cliente**.

Para contribuir para seu crescimento e desenvolvimento, convido você a refletir: "Como usará o aprendizado das oito competências ICF que acabou de ler na prática profissional?"

E você, que é líder, o que aprendeu ao desfiar esse novelo?

# ARTHUR — 2ª SESSÃO

*O bom coaching é capaz de ajudar um executivo ou uma equipe a desenvolver competências e eficácia nos negócios em um ou em todos os domínios. [...] O ponto final de uma entrevista de coaching envolve, invariavelmente, o planejamento do executivo para experimentar um novo comportamento.*

**Laurence Lyons**

## Provocações de Robson Santarém

Arthur é um jovem empresário. Desde os primeiros anos na universidade, ele era considerado um High Potential (Hi-Po) e, de tanto ouvir, ficou convencido que, de fato, o era. Aos 32 anos, com uma sólida formação e pós-graduação em engenharia e grande espírito empreendedor, iniciou com dois colegas uma *startup*, que logo obteve reconhecimento de clientes e financiamento que possibilitou um rápido crescimento.

No último ano, Arthur precisou contratar cerca de trinta colaboradores. Seus sócios assumiram as áreas técnica e administrativa, e a ele – pelo talento natural – coube a responsabilidade pelos contatos comerciais, parcerias e toda a articulação para apresentação em feiras e eventos nacionais e internacionais, que era crescente e essencial para o seu negócio.

Apesar de reconhecer que era um bom vendedor, que negociava bem e apresentava resultados muito favoráveis, não sentia tanto engajamento de seu time quanto percebia nos times de seus sócios. Chegou a dizer – com uma ponta de orgulho – que o pessoal da empresa e até os amigos o chamavam de gênio, mas achava que isso não estava valendo para conseguir o engajamento dos empregados.

Tinha ouvido falar sobre as vantagens do coaching e quis saber mais. Decidiu, então me procurar para entender melhor o assunto e se assegurar de que não era uma furada. Afinal, também tinha ouvido muitas histórias desabonadoras a esse respeito.

Em nosso primeiro contato, tive que explicar o que não é coaching, pois, embora já tivesse lido algo a respeito, ainda estava com muitos preconceitos. Disse-lhe que o bom coaching é capaz de ajudar um profissional a desenvolver competências e eficácia nos negócios em um ou em todos os domínios, e que isso depende muito do cliente. Cabe ao coach auxiliá-lo nesse processo como um parceiro que irá instigá-lo nessa reflexão.

Não foi suficiente argumentar que o coaching implica mudanças na forma de pensar e agir. Além disso, promove uma ampliação da consciência para tomada de decisões que impactem positivamente os resultados do negócio, bem como as demais dimensões da vida. Entretanto, para isso caberia a ele, enquanto cliente, identificar as questões reais que queria trabalhar, seus objetivos e resultados desejados. Seus questionamentos, que buscavam fundamentos lógicos, racionais e diretos, me levaram – usando a sua linguagem pragmática – a fazer uma breve apresentação das vantagens do coaching segundo uma pesquisa global da ICF.

Mostrei-lhe que, conforme os resultados da pesquisa, os clientes que participam de um processo de coaching obtêm maior eficácia em seus processos decisórios, aumento da autoconfiança (que não era um problema para ele), melhoria considerável na produtividade, satisfação com a vida pessoal e profissional e a consecução dos objetivos relevantes.

Apresentei as seguintes estatísticas que revelam que a maioria dos respondentes obtiveram resultados positivos em várias áreas:

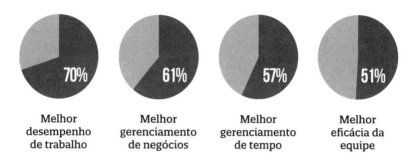

Melhor desempenho de trabalho — Melhor gerenciamento de negócios — Melhor gerenciamento de tempo — Melhor eficácia da equipe

Além de construir a crucial autoconfiança dos colaboradores para enfrentar os desafios e atender às demandas organizacionais, conforme gráficos a seguir:

Melhor autoconfiança — Melhor relacionamento interpessoal — Melhores habilidades de comunicação — Melhor equilíbrio vida/trabalho

Como um bom homem de negócios, Arthur quis saber a respeito do retorno sobre o investimento, ou seja, sobre como poderia mensurar os resultados. Em resposta, disse a ele que era possível avaliar esse retorno obtido a partir da perspectiva qualitativa, observando as mudanças do próprio comportamento e seus impactos na gestão. E, se for o caso, estabelecer critérios e indicadores mensuráveis que poderiam ser também avaliados após o término do processo.

Em seguida, informei que, conforme a própria pesquisa da ICF, a maioria das empresas (86%) diz que o processo de coaching trouxe, pelo menos, o seu investimento de volta. Além disso, praticamente todas as empresas e pessoas que contratam um coach estão satisfeitas.

Ainda não totalmente convencido, Arthur quis saber o que, afinal, faz o coach para que tais resultados sejam obtidos. Entre outras coisas, respondi que o coach instiga o cliente a refletir e a promover mudanças no modo de pensar, no *mindset*, de tal modo que o cliente passa a enxergar a partir de novas perspectivas. Assim, ao expandir a sua consciência, o coachee naturalmente assume comportamentos mais eficazes, produtivos e saudáveis. Ao desafiar os pontos cegos, o cliente também consegue "pensar fora da caixa" e vislumbrar novos cenários que o estimulam a agir para realizar os seus sonhos.

Após toda essa exposição, propus uma sessão de demonstração para algum assunto que ele gostaria de trabalhar em até trinta minutos. Surpreendido, ele apresentou uma situação relativamente simples para mim, mas que fez uma grande diferença para ele após algumas perguntas que lhe abriram a mente para ver o problema em outra perspectiva. Pensei comigo que aquilo que parece ser simples para nós pode ter grande relevância para o cliente.

Enfim, depois de uma longa reunião, Arthur decidiu fazer o investimento e dedicou a primeira sessão a contar toda a sua história – da qual sente muito orgulho. Arthur falou sobre seus valores, sua determinação por atingir seus objetivos e como estava se realizando com o seu empreendimento.

Foi uma grande sessão de prática da presença e escuta ativa. A cada dez ou quinze minutos eu o interrompia. Em seguida, acolhia o que ele estava dizendo, procurava me certificar do meu entendimento sobre o que havia sido relatado – o que o impressionou – e então o questionava a respeito. Ao final, Arthur chegou a indagar como eu era capaz de prestar tanta atenção e, ao mesmo tempo, expressar o que ele tinha me dito.

Lembro que sorri agradecido e lhe perguntei, encerrando a sessão:

— O que você aprendeu nessa sessão?

Surpreendentemente, ele respondeu:

— Acho que é a primeira vez que eu me escuto. Além disso, me dei conta da importância de dar atenção e escutar o outro, como você fez comigo. Eu não costumo fazer isso. Pode escrever: eu vou mudar! Não vai ser de uma hora para outra, mas a partir de agora vou me esforçar para escutar e mostrar para os outros que estou dando a devida atenção.

Arthur marcou a segunda sessão para a semana seguinte, em um café, às 8 horas. Sentiu que precisava sair do escritório para ficar mais à vontade.

Após os cumprimentos iniciais e pedido de café e pão de queijo para os dois, perguntei-lhe como tinha passado a semana.

— Eu te disse que eu ia mudar. — respondeu sorrindo. — Passei a prestar mais atenção no que as pessoas estão me dizendo e, de vez em quando, eu comento o que entendi. Houve até um caso de um novo cliente que ficou muito satisfeito com a forma como eu procedi, dando a ele a atenção que, acho eu, fez a diferença na contratação dos nossos serviços.

— Muito bem, Arthur! E o que você vai querer trabalhar na sessão de hoje?

— Quero que as pessoas que trabalham comigo tenham senso de dono — respondeu enfático.

— Tá. Deixe-me entender melhor. Quando as pessoas que trabalham com você tiverem esse senso de dono, como elas estarão se comportando?

— Ué! Como donos do negócio mesmo! Tomando iniciativa, buscando soluções, antevendo os problemas, agindo proativamente, e não esperando que eu, o gênio, como costumam me chamar, diga o que devem fazer.

— Certo! Pelo que pude entender, você espera que todos tenham um comportamento semelhante ao seu.

— Exato! — respondeu enfaticamente.

— Qual a relevância desse assunto para você?

— Se a equipe que trabalha diretamente comigo se comportar desse jeito, com certeza vou alavancar ainda mais o negócio.

— Como vamos saber ao final da sessão que você conseguiu o que queria?

— Boa! Se eu encontrar uma maneira para que o pessoal se comporte assim...

— E por onde você pensa que devemos começar a abordar esse assunto que ajude a atingir o seu objetivo?

— Hummm... deixe-me ver... Acho que podemos começar falando sobre mim mesmo... não tem outro caminho, já que eu sou o dono, ou melhor, um dos donos.

— Boa consciência, Arthur! — elogiei. — E como você deve ser para que seus colaboradores tenham esse senso de dono?

— Boa pergunta! Deixe-me pensar — Voltou-se para a garçonete e pediu mais um café.

Enquanto esperava o café, ficou tamborilando os dedos na mesa e sacudindo a cabeça afirmativamente. A resposta chegou junto com o café.

— Na verdade, eu preciso saber o que eu devo fazer para que eles tenham esse senso. Se eu sair daqui com pelo menos uma ideia, já terá valido a sessão. Porque isso é muito importante para mim.

— Ok! Entendi... ter ao menos uma ideia do que fazer...

— Sim.

— Eu me lembro que você disse em nosso primeiro contato que a empresa está dividida em três áreas: técnica, administrativa e de negócios. Cada sócio cuida de uma parte, e o setor de negócios fica sob sua responsabilidade. Você espera que todos tenham esse comportamento ou só aqueles que trabalham na sua área?

— O ideal é que todos na empresa tenham esse senso. Caramba! Estou tão focado na minha área que não pensei sobre isso!

— Como isso pode contribuir para a realização do objetivo que você apresentou hoje?

Arthur pegou uma caneta e começou a rabiscar na toalha de papel. Percebi que fez três círculos sobrepostos e falou em seguida.

— Meu olhar está direcionado para a parte de negócios sem considerar as demais áreas. Para que essa competência que eu desejo que a minha equipe tenha seja realmente estratégica ela precisa ser de todos...

— E... — Indaguei com o olhar.

ARTHUR | 2ª SESSÃO

97

— Preciso conversar com os dois sócios. A empresa está crescendo rápido e, pensando em facilitar, nós a fragmentamos demais. É necessário ter uma visão sistêmica, algo que a gente sabe na teoria, mas não se pratica.

Interrompeu a fala e voltou a rabiscar na toalha, percebi que fez um círculo maior envolvendo os três anteriores e prosseguiu...

— Mais que sistêmica, precisa ser ecossistêmica!

— O que isso muda para você?

— Uma mudança radical na maneira como nós nos organizamos. Nós sabemos que tudo está interligado, que há uma interdependência entre tudo e que a decisão de um afeta os demais e vice-versa. No entanto, acabamos inconscientemente reproduzindo o modelo fragmentado no qual fomos formatados desde os primeiros anos escolares. Ainda dá tempo. Nós três vamos ter que conversar para definir com muita clareza o que queremos, antes que sejamos atropelados pelo crescimento da empresa.

— Excelente análise! Como essa mudança radical vai gerar senso de dono?

Percebi que ficou envaidecido com o meu elogio. Se ajeitou todo na cadeira e respondeu:

— Boa! Não pode ficar só entre nós três. Vamos ter que envolver todos os colaboradores.

Voltou a rabiscar fazendo setas voltadas para fora e disse que precisava expandir ainda mais as ideias e envolver até clientes e parceiros para que fosse efetivamente ecossistêmica. Arthur demonstrava entusiasmo em cada palavra.

— Que bom! Para onde deveria dirigir agora a nossa conversa para que seja ainda mais útil para você alcançar o seu objetivo? — quis saber.

— Hummm... boa questão!

Novamente pegou a caneta e desenhou vários pontos de interrogação na toalha e permaneceu em silêncio por quase um minuto. Aguardei, observando os desenhos. Por fim, perguntei:

— O que esse silêncio está dizendo, Arthur?

— Não sei se os colaboradores vão participar como eu gostaria. É o que falo sobre faltar o senso de dono para dar ideias, contribuir... É bem capaz de acatarem tudo o que eu disser... — sua expressão facial mudou, demonstrando frustração.

— Reparo que isso te incomoda. — observei.

— Sim.

— O que precisa mudar em você para conseguir o que deseja da parte deles?

Arthur pediu água para ele e perguntou se eu também queria. Agradeci e aceitei. Enquanto aguardava a água, permaneceu em silêncio, de cabeça baixa, desenhando mais interrogações. Por fim, levantou a cabeça e disse:

— Acho que essa imagem que eles têm de mim — de que sou um gênio — deve inibir ou dar medo de falar, por acharem que vou julgá-los...

— Entendo. Permita-me fazer uma observação, caso não seja pertinente, ignore.

— Pode falar... Bebeu metade do copo de água e ajeitou-se na cadeira.

— Parabenizo a sua trajetória de sucesso e da qual você se orgulha. Conta para mim: como você alimenta essa imagem de gênio que, conforme disse, pode inibir a sua equipe?

ARTHUR | 2ª SESSÃO

— Caramba! Você tocou na ferida! — deu um tapa na mesa e continuou:

— Não acho que seja arrogante, mas é claro que tenho uma certa vaidade e, de algum modo, deixo isso transparecer. E o pior de tudo é que, pensando bem, eu que chego sempre com todas as ideias. Quando faço reuniões, sou o primeiro a falar... Enfim, quando pergunto, ninguém tem mais nada a dizer. E quando alguém — uma vez ou outra — dá uma ideia, eu acabo criticando a sugestão. No fundo, eu sequer escutava, te falei isso na semana passada.

— Então, que nova perspectiva está surgindo que pode contribuir para despertar o senso de dono na equipe?

Arthur deu uma risada e disse:

— Vou começar tratando cada um como gênio!

— O que você quer dizer com isso? — provoquei.

— Falando sério: preciso começar por escutar o que pensam, acreditar no potencial que todos têm e que podem contribuir com a empresa. E até mais que isso! Porque, se pensar bem, falar em "senso de dono" e não criar condições, de fato, para que assim se sintam é uma falácia. O que eles vão ganhar realmente se tiverem essa competência que eu gostaria que tivessem? Caramba! Nós temos que repensar muita coisa. Ou queremos que tenham "senso de dono" e se beneficiem disso, ou...

Interrompeu subitamente o seu pensamento e ficou olhando seriamente para mim.

— Ou?...

— Fechado! Todo colaborador terá uma participação nos resultados. Vou levar isso adiante com os sócios. Só temos que pensar em como implementar isso.

— Nossa! Quantos insights geniais, com o perdão do trocadilho! E o que mudou em você?

Arthur sorriu agradecendo e falou com voz alta:

— P.! Preciso dizer? Estou com os neurônios a mil.

— Sim, o que os seus neurônios estão te dizendo nesse momento?

— Que a minha vaidade é que atrapalha! Reconheço que penso rápido, que tenho minhas qualidades, mas não estava consciente do quanto isso pode ser um obstáculo para a liderança. Preciso ser mais humilde, valorizar as qualidades e o conhecimento dos outros, escutar mais, envolvê-los mais... é uma grande transformação!

Diante da clara tomada de consciência e de sua franqueza com relação ao que precisa fazer, julguei ser o momento oportuno para saber:

— Então, você acha que já podemos concluir a nossa sessão?

— Claro! Quando vinha para cá, não tinha nem ideia do que poderia acontecer. Foi muito mais do que eu esperava. Realmente o coaching provoca transformações, muito obrigado.

Arthur pediu a conta do café e falou:

— Posso te dar um abraço?

— Como não? Fico feliz com você. — Respondi abrindo meus braços.

# Reflexões de Dulce Soares

*Para que as luzes do outro sejam percebidas por mim devo por bem apagar as minhas, no sentido de me tornar disponível para o outro.*

**Mia Couto**

Ao ler Arthur, senti minha cabeça cheia de palavras soltas, dentro do meu organismo. Escrevo agora para dar corpo ao que senti e penso sobre os jovens extraordinários.

Primeiras palavras que vieram à minha mente foram:

**Hi-PoGênio**
8 Competências ICF
Demonstração de uma Sessão
Maturidade do Coach Profissional
A história única de cada Eu
Modelo Mental do Cliente
**Postura de Robson**
**Engajamento dos empregados**
ICF e o que ela oferta a você, Coach Profissional associado e não associado
**Tomé, ver para crer**
Adaptabilidade do Coach
Imagem do coaching
O valor da Pesquisa
ROI **Startup**
Código de Ética

Fiquei pensando em como me sentiria como coach, se eu atendesse o Arthur. Hum, não sei não! Será que eu o encaminharia para um outro colega? Percebi Robson com uma paciência de Jó com ele. Será que se fosse meu cliente eu teria a mesma paciência?

"À queima roupa", penso que não, mas depois do pensamento virar sentimento e ir lá no fundo várias vezes e voltar de novo do caminho feito, eu posso garantir que colocaria a trabalho dentro de mim a tal paciência de Jó. Afinal, acionaria dentro do meu Eu o conhecimento sistemático como ferramenta de intervenção. Para mim, a pesquisa acadêmico-científica é terapêutica. Ou seja, me acalma e situa o meu organismo dentro do meu corpo, evocando a minha consciência e autorregulando a minha velocidade, a minha energia, desvelando aos meus olhos a magia dessa trama: a subjetividade *versus* a objetividade da Dulce e do Arthur.

Com certeza, eu buscaria dentro da pesquisa, da minha história profissional e com a minha supervisora, como lidar com a minha velocidade interna e com a velocidade interna dos meus clientes. Isso já me atrairia bastante em trabalhar com o Arthur, que demanda um modelo de funcionamento altamente objetivo. Este cliente precisa ver para crer os tais resultados concretos e saber tudinho, tim-tim por tim-tim, além de ser um Hi-Po!

O que penso agora, depois dessa minha minirreflexão? Ainda bem! Teria a chance de mais uma vez me adaptar ao modelo mental mais objetivo que o meu, como se eu fosse aprender um novo idioma, só que este é um idioma existencial.

À medida que o meu corpo-palavra se concretiza nesta reflexão e as ideias começam a tomar forma, percebo e constato mais uma vez a força dos rótulos, das crenças, dos nossos vieses e de tudo que carregamos em nossa história única e com uma tessitura própria.

Para atender o Grande Outro, é preciso, como diz Mia Couto:[1] "Para que as luzes do outro sejam percebidas por mim, devo por bem apagar as minhas, no sentido de me tornar disponível para o outro."

Temos aqui no caso o Arthur, um exemplo de grande maturidade pessoal e profissional do coach Robson. Arthur é um jovem fora do padrão. Considerado gênio por muitos, ele tem uma capacidade notável de fazer acontecer, de articular, de negociar: é um grande vendedor. Seu maior desafio neste momento é como fazer o Grande Outro (no caso, sua equipe) ter engajamento nos projetos da empresa. O cliente buscou informações sobre o coaching e encontrou demandas positivas e negativas. Então, tomou a decisão de procurar o Robson e se "[...] assegurar de que não era uma furada". Ou seja, temos aqui uma atitude embalada com a "fita da confiança" que já existe em Arthur para com o Robson.

Robson explica ao seu potencial cliente o que não é coaching. Além disso, fala das benesses que um bom coaching pode fazer no sentido de ajudar um profissional a desenvolver competências e eficácia nos negócios. Entretanto, Arthur não se sentiu nutrido o suficiente e quis saber mais. Afinal, como a pessoa objetiva que é, ele precisava de dados quantitativos além dos qualitativos. É aqui que chamo a sua atenção, querido leitor, para a postura de Robson. A maturidade profissional que ele demonstrou foi tão grande que sacou de sua cartola (na verdade, do seu chapéu) a Pesquisa Global feita pela ICF. Então, apresentou as estatísticas para Arthur, como resposta de pessoas e empresas que fizeram o coaching espalhados pelo globo terrestre.

Arthur ficou bem impressionado, mas como homem de negócios que é, quis saber sobre o Retorno sobre Investimento

---

[1] Couto, Mia. *A voz de Moçambique*: Mia Couto [2014]. Entrevistador: Luiz Costa Pereira Junior. São Paulo: Segmento, 2014. Livro eletrônico. Entrevista concedida ao projeto Entrevistas da língua.

(ROI) e como poderia mensurar os resultados. Robson explicou alguns níveis de ROI e transita do nível 1 ao 4. O primeiro nível denomina-se Reação e Satisfação; o segundo, Aprendizagem; o terceiro, Impacto e de Transferência; e o quarto, Desempenho. Desse modo, Robson estabeleceu inclusive critérios e indicadores mensuráveis que poderiam ser também avaliados após o término do processo.

Arthur ainda na frequência existencial de Tomé, daquele jovem que precisava ver para crer, desperta em Robson o desejo de oferecer uma sessão de demonstração. Assim, o cliente pode sentir na pele o que estava conversando anteriormente de forma exclusivamente teórica.

A contratação do processo ocorre. Assim, aprendemos que cada um de nós tem seu próprio movimento, seu tempo, sua velocidade, seu estilo de chegar no que se precisa, sendo Hi-Po ou um mero mortal como nós...

Robson apagou as suas luzes para perceber as luzes de Arthur! Estamos diante de uma outra forma de sentir, pensar e agir. Ou seja, estamos presenciando um novo idioma existencial ou, como costumamos chamar, outro modelo mental. É questão *sine qua non* para todo profissional de desenvolvimento humano se adaptar ao modelo mental do Grande Outro. Ao pensar comprido, vem à minha mente os líderes de uma organização, e você, líder, sabe apagar as próprias luzes para reconhecer as luzes da equipe? É importante lembrarmos que o líder não é apenas um gestor de tarefas, ele é fundamentalmente um gestor de pessoas.

Outro dia, me peguei pensando sobre a teoria da Liderança Situacional, de Paul Hersey e Kenneth Blanchard. Se refletirmos sobre a perspectiva do líder e não do liderado, penso que poderíamos ir mais longe ainda. Você é um Líder M1, M2, M3 ou M4?

Eu explico... ao invés de localizarmos os liderados, como diz a teoria, dentro da sua forma original, usando como analogia a psicologia do desenvolvimento humano: bebê, criança, adolescente e adultos, nós faríamos diferente. Assim: "Onde você, líder, se localiza?", na posição de um líder M1, que dirige e conduz tudo? Na de um líder M2, que treina de uma única forma, de preferência, só do jeito que aprendeu? Na de um líder M3, que apoia mesmo sem acompanhar o que está sendo feito por liderados que ainda vibram na frequência de adolescentes? Ou na de um líder M4, que, na verdade, é aquele que acolhe os liderados, deixando-os na direção, no comando? Acolher no sentido de permitir que esses liderados tenham a chance de se mostrar para os líderes, identificando como é que eles aprendem, o que eles sentem e pensam sobre o que começam a conhecer e a aprender a respeito da nova atividade profissional. Ou seja, iniciar o treinamento partindo da perspectiva deles, do liderado, apagando suas luzes enquanto líder para ter a chance de ver a luz do outro.

Um líder M4 sabe do valor disso e apoia seu liderado. Desse modo, dá umas incertas de vez em quando, para saber como andam os projetos e em que nível está a sua capacidade de *accountable* que se encontra em processo de maturação. Assim, permite-se atingir o último nível como líder M4, aquele que delega e prepara um sucessor seu para a empresa. Além disso, contribui para que alguém seja líder de si mesmo na vida.

Eu faço agora um convite a você, coach profissional, associado à ICF ou não. Existem muitos materiais valiosos e valorosos para nós que podem nos proteger no sentido de não invadirmos o espaço do *Grande Outro*. O convite é: pesquise, estude, leia, acesse o site da ICF trinta minutos por dia, todo dia, você vai descobrir coisas incríveis lá! Pode aCreditar!

O material é fértil e útil para coaches, mentores, supervisores, inclusive líderes, todos estão dentro do site da ICF. Esses materiais são conhecimentos sistemáticos que nos ajudam e nos autorregulam, fazendo com que possamos nos apropriar de bons comportamentos, pensamentos e sentimentos que só fazem valorizar a nossa categoria profissional.

Nesta lista de dicas você terá acesso ao Kit membro ICF, em que verá tal material no formato impresso e digital em vários idiomas, inclusive no português. O kit demarca tudo o que um bom processo de coaching faz e traz informações que retratam trabalhos de pesquisa, não só bibliográfica mas de campo, teórico-prática etc.

Chamo também a atenção às Declarações Éticas Interpretativas, pois aqui temos a oportunidade de nos aproximar e entender as seções do nosso **Código de Ética** nos 28 padrões (Anexo II). Tais declarações especificam e exemplificam da forma mais observável possível o comportamento de um coach profissional.

Nossa profissão é tão valiosa que temos reconhecimento por entidades altamente consideradas pelo mundo, uma delas é a União Europeia. Dá gosto de ler e ver até onde um bom trabalho pode nos levar.

No mais, o que faço agora é mesmo uma convocatória! Convido você, leitor, a vir conosco iluminar o mundo interno e o externo de todos. Inclusive o nosso, meros mortais, bem como o dos jovens extraordinários batizados como Hi-Pos.

**DICAS PARA COACHES, MENTORES E SUPERVISORES**

**Comece a conversa**

https://coachingfederation.org/app/uploads/2022/02/StarttheConversation_A4_Portuguese.pdf

**Portal de pesquisas acadêmicas**

https://researchportal.coachingfederation.org/Document/SearchResult

**Declarações éticas interpretativas – 28 padrões**

https://coachingfederation.org/interpretive-statements

# FÁTIMA — 4ª SESSÃO

*Quando falo em "aprender", não me refiro a acumular informação, mas sim em realizar algo que pode mudar o comportamento de um determinado indivíduo – seja o comportamento exterior, como um golpe de tênis, ou o interior, como um padrão de raciocínio. [...] O momento de mudar um padrão ocorre quando percebemos que a função poderia ser exercida de uma maneira mais eficaz.*

**Timothy Gallwey**

## Provocações de Robson Santarém

Estou caminhando com a Fátima há quatro sessões em um rico processo de transformação que começou por iniciativa dela e do irmão, herdeiros da empresa fundada pelo pai há cerca de 40 anos. Fátima, atualmente com 34 anos, e Eduardo, 36 anos, trabalharam com o pai desde os primeiros anos da juventude. Ele se desenvolveu tecnicamente e, há três anos, assumiu toda a operação da empresa, incluindo o relacionamento com fornecedores e clientes. Já Fátima, que atualmente é graduada em Administração e possui MBA em Gestão de Pessoas, demonstrava desde cedo talento para a gestão e liderança. Por isso, vinha tentando organizar os processos da empresa familiar há algum tempo, tendo ainda alguma dificuldade com as intervenções centralizadoras do pai. Mas, por motivo de saúde, tempos mais tarde seu pai transferiu a administração dos negócios para ela e seu irmão.

Um grande passo, segundo a própria Fátima, foi o alinhamento com o irmão a respeito de como deveriam agir como diretores da empresa. Sentia ser esse o primeiro dos seus desafios, dado que, frequentemente, o via com o perfil muito parecido com o do pai: centralizador e, algumas vezes, com atitudes meio rudes com os empregados. Porém, já na primeira sessão de coaching, conseguiu identificar um caminho para um diálogo construtivo com ele. O próximo passo – disse – seria convencê-lo a participar do processo de coaching.

Lembro que chegou muito animada para a segunda sessão contando como foi o diálogo com o Eduardo. Para a surpresa de Fátima, seu irmão mostrou-se extremamente receptivo com relação a definir um modelo de gestão. Além disso, Eduardo concordou sobre alguns de seus comportamentos serem inadequados, quando – amorosamente, frisou – ela deu um feedback sobre alguns fatos, sensibilizando-o sobre a importância de dar o exemplo na direção da empresa.

Inspirada por suas leituras e reflexões, conseguiu convencê-lo de que o jeito de ser e de tratar os empregados é que faz a diferença na hora de obter os melhores resultados da equipe.

Dessa vez, quis buscar insights que a ajudassem na melhor definição da Missão, Visão e Valores para compartilhar com o irmão na semana seguinte. O grande insight – e mais uma vez conseguiu convencer o Eduardo nisso – foi envolver um grupo de colaboradores mais antigos para realizar esse propósito.

Por causa do seu entusiasmo, eu aguardava ansioso pela próxima sessão, que ocorria quinzenalmente. As notícias eram sempre muito boas. Quando veio para a terceira sessão, estava emocionada com o resultado que obteve na reunião com o irmão e mais oito colaboradores que tinham cargos de coordenadores e gerentes na empresa.

Ao convidá-los para o tal encontro e dizer-lhes o motivo, percebeu o espanto e, ao mesmo tempo, o engajamento de todos.

Um deles – o mais antigo na empresa – chegou a perguntar o motivo de ser convidado, já que nunca tinham sido chamados a dar opinião sobre nada.

— "Seu Zé Carlos" resolvia tudo sozinho e a gente tinha mais é que obedecer.

Os tempos mudaram desde a criação da empresa – explicou Fátima para o grupo. Hoje, o mercado está muito diferente do passado. Precisamos fazer a diferença e isso começa em casa. A atitude dos dois irmãos era genuína e tinha credibilidade junto aos quase sessenta empregados. Foi fácil mostrar para os funcionários que ela e seu irmão estavam imbuídos de um propósito sério de fazer crescer a empresa e que isso seria bom para todos. Mas, para isso, queriam contar com o compromisso de cada um deles.

Fátima contou-me que, ao longo daquele dia, em meio a muitas lembranças, histórias e análise de cenários, ela e seu irmão conseguiram expressar com clareza qual era a missão da empresa, isto é, a sua razão de existir. E tudo ocorreu a partir de uma atividade conduzida por ela, que mobilizou a todos. Visualizar o futuro da empresa deixou todos energizados a tal ponto que ela exclamou:

— Eu acredito, com base em tudo que já estudei, que essa é a principal função da Visão: conquistar o coração de todos para um profundo engajamento na sua realização. E sabendo que quanto mais pessoas estiverem envolvidas, mais forte será essa visão, acho que nós conseguimos. Você concorda comigo?

— Claro que sim!

De fato – pensei –, é a visão que dá a direção e a força para promover as mudanças, que ilumina a definição das estratégias, objetivos e diretrizes de tudo na empresa, incluindo a estrutura organizacional, os processos, regras, políticas e procedimentos.

FÁTIMA | 4ª SESSÃO

Fátima sorriu satisfeita e contou que quando explicou sobre a importância de identificarem os valores mais significativos para a empresa e que estes passariam a ser os direcionadores da conduta de todos, os funcionários lembraram que o "Seu Zé Carlos" sempre falou e agiu com honestidade. Concluíram dizendo que o cliente tinha que ficar satisfeito, mesmo que isso custasse para a empresa.

Eduardo defendeu que a inovação deveria ser também incorporada por todos, não só por parte da diretoria, que iria investir em mais tecnologia. O esperado era que todos contribuíssem com ideias e sugestões de melhorias. Enfatizou ainda que todos deveriam assumir tanto interna quanto externamente a responsabilidade social e ambiental e que isso implicaria uma mudança no comportamento de todos os colaboradores.

Por fim, ela defendeu o bem-estar dos colaboradores como um dos valores da empresa. Afinal, essa sempre foi uma preocupação do pai, embora tivesse o jeito dele de agir. Inclusive, isso se comprova pelo fato de que a maioria dos empregados tinha muito tempo de casa.

Após o entusiasmado relato, perguntei-lhe:

— O que você quer explorar hoje que vai contribuir com você e com a empresa?

— Já sabia que você ia perguntar isso e vim pronta para te responder. É muito importante para mim e para a gestão da nossa empresa que a gente saiba transformar esses valores que acabei de citar em práticas. Para não correr o risco de ficar só em palavras ou nos quadros das paredes, como ocorre em muitas organizações por aí. Você tem alguma dica?

— Dica, eu não tenho, mas como seu parceiro nesse processo e sabendo o quanto isso é importante para você e para a sua empresa, posso te instigar a pensar até que encontre as respostas que você está buscando. Pode ser?

Ela riu e concordou comigo.

— Você poderia, por favor, relembrar quais são os valores que você quer transformar em práticas?

— Claro! Nós falamos em honestidade, inovação, bem-estar dos empregados, satisfação do cliente e responsabilidade social e ambiental.

— Ok. Então, o que você quer levar dessa sessão é...?

— Como aplicar nossos valores no dia a dia. Tenho até algumas ideias, mas é tudo novo para mim. Por isso que decidi contar com o apoio do coaching.

Fátima abriu a bolsa e pegou um caderno e uma caneta para fazer anotações e colocou sobre a mesa.

— Muito bem! Então, você quer saber como aplicar os valores. Considerando que são cinco, por qual deles você gostaria de começar que irá provocar maior impacto positivo na sua empresa?

— Hummm... deixa eu pensar.

— Deixo, à vontade. – disse eu sorrindo.

— Olha, eu acho que Eduardo é a melhor pessoa para resolver a questão da inovação. Eu posso influenciar...

— De que modo você pode influenciar? – perguntei.

— Ah! Também dando minhas ideias, mas quando se tratar da inovação tecnológica tem que ser com ele. Acho que posso ajudar sugerindo um meio para que todos participem com sugestões de melhorias.

— Com relação aos demais valores, qual deles você prioriza para trabalharmos nessa sessão? – insisti.

**FÁTIMA | 4ª SESSÃO**

— Estou em dúvida entre honestidade e bem-estar dos empregados. Será que eu poderia juntar os dois?

— Como juntar os dois pode contribuir para atingir o seu objetivo de hoje?

— Primeiro que tudo está interligado, até a inovação que eu acabei de falar, que o Eduardo deve tratar. Mas, especificamente, como o nosso pai nos ensinou, a honestidade deve ser praticada o tempo todo e nas menores coisas. Na gestão, isso implica que temos que ser coerentes, fazer o que falamos, honrar nossa palavra, nossos compromissos. Porque, do contrário, vamos ficar expostos e perder a credibilidade junto aos clientes, fornecedores e empregados. Então, temos que ser honestos em tudo, o que afeta também o valor de satisfação do cliente.

— E o que você está chamando de bem-estar do empregado?

— Bem, teoricamente, como devo dizer...se pegar aquela pirâmide das necessidades de Maslow, acho que vou conseguir identificar vários aspectos que temos que dar atenção... Até onde eu sei, precisamos entender quais são as necessidades dos empregados e criar condições para atendê-las, além de um bom ambiente de trabalho em que todos se sintam bem, não é por aí?

— Pode ser, Fátima! – assenti e perguntei – É entender como aplicar a teoria. Ou você pensa em explorar o assunto de outra maneira?

— Eu sei que a teoria é uma coisa e a prática é outra, não é assim que se fala? Eu gostaria de saber mesmo é sobre como praticar. Você tem alguma sugestão?

— Fátima, você já sabe que o nosso processo não inclui dar sugestões, mas fazer você refletir e descobrir suas próprias respostas.

— Você está certo. Vamos em frente.

— Percebo o seu entusiasmo e a importância de tudo isso para você. Mas queria te pedir a permissão para trazer uma provocação.

— Claro, vá em frente! – falou, se ajeitando na cadeira.

— Você havia me dito que nunca foi empregada, que desde jovem trabalhava diretamente com o seu pai. Se fosse empregada, o que você considera que te proporcionaria esse bem-estar? – provoquei.

— Caramba! Você foi fundo agora!

Percebi o desconforto que a pergunta gerou. Ficou me encarando em silêncio por um longo tempo. Aguardei. Como não dizia nada, insisti.

— O que esse silêncio está dizendo?

Fátima respirou fundo e falou:

— Palavras dos muitos livros que já li, das teorias que aprendi e quero colocar em prática. Entretanto, devo dizer que sua pergunta me incomodou bastante. Me dei conta de que nunca senti na pele. Sempre fui vista como a filha do dono. Pior, eu sempre agi como a filha do dono! Agora que meu pai está se afastando por doença e a gente está assumindo para valer, pensei ser a minha grande chance de fazer algumas mudanças...

— Consigo perceber o impacto disso em você. O que está mudando em você nesse momento? – indaguei.

— Empatia não é teoria. Preciso escutar cada um dos nossos empregados, mas já sei que não vai ser fácil...

— O que não vai ser fácil? – quis saber.

FÁTIMA | 4ª SESSÃO

— Eu te falei do espanto que foi para aqueles que nós chamamos para a reunião, mesmo eles sendo os mais próximos e com mais tempo de empresa. Imagina para os outros! É o que eu disse antes: eles, com razão, me veem como a filha do dono. É bem capaz, de certo modo, até enxergarem a pessoa do nosso pai em mim e no Eduardo!

— Hummmm... filha de peixe...

— Desse jeito! E não é para menos! Meu pai sempre foi honesto, é reconhecido por isso, mas nem por isso deixava a gente fazer o que queria. Era centralizador e nós cumpríamos as ordens dele. Até porque foi assim que a empresa cresceu. Olha! Acho que preciso rever isso.

— Rever o quê, Fátima?

— Apesar das minhas boas intenções de colocar em prática tudo o que estudei, preciso rever até que ponto a imagem de filha do dono me atrapalha.

— A imagem que atrapalha...

— E também o meu comportamento. Às vezes, pensando bem, tem hora que o meu jeito de falar é igual ao do meu pai. Já me disseram isso.

— Há alguma relação dessa reflexão com o que você quis trabalhar nessa sessão?

— Você está me fazendo pensar que é muito mais que praticar todas as teorias. Se eu não conseguir transformar o meu jeito, mudar essa imagem que eles têm de mim – com razão, diga-se de passagem –, eu não vou conseguir ter êxito para fazer a transformação em nossa empresa.

— E em que pessoa você deve se transformar para atingir seu objetivo?

— Juro que não pensei que seria um aprendizado tão grande em uma sessão de coaching! – Interrompeu a fala por alguns segundos e prosseguiu – Te respondendo agora: penso que devo demonstrar que, embora seja a filha do dono, eu sou diferente. Com todo o amor, respeito e admiração que sinto pelo meu pai, e reconheço que pareço com ele em algumas coisas, devo e posso agir de outro modo.

— Por exemplo?

— Já comecei convidando alguns funcionários para a reunião que te falei. Ficaram espantados, mas participaram. Acho que o caminho é me tornar mais próxima, me envolver com eles, escutar suas dores, necessidades e sonhos. Isso nunca foi feito! É "sair da cadeira de filha de dono". Sei que vão estranhar, eu também, mas vou conseguir...

— Como é que essa tomada de consciência vai afetar o seu objetivo?

— Primeiro de tudo, vou ser honesta, praticando o valor e demonstrando isso para todos os empregados e vou dizer que espero isso deles também. Agindo desse modo, vou poder entender as necessidades de todos e junto com eles ver como podemos contribuir para proporcionar o bem-estar que é o outro valor que falei.

— Como você pretende avaliar se tudo isso vai dar certo?

— Boa pergunta! Acho que o melhor meio é perguntar aos empregados se estão satisfeitos ou não e o que precisamos melhorar. Estabelecer um diálogo honesto com cada pessoa e acompanhar os desdobramentos de nossas ações na empresa.

— Parece-me que já estamos caminhando para um plano de ação, não é mesmo?

— Ah sim! Quando terminar aqui vou colocar tudo no papel.

— Então você já tem algumas ideias para pôr em prática...

— Vou trabalhar tudo o que conversamos. Para organizar melhor as ideias, vou usar aquele modelo de 5W2H, depois eu te conto.

— Então, como gostaria de encerrar essa sessão?

— Te agradecendo. Você me fez pensar e sair da teoria. Estou até me sentindo mais leve. Obrigada!

— Sucesso, Fátima! Até a próxima!

## Reflexões de Dulce Soares

*O sentido da vida não é o que acontece com as pessoas.*
*Não é?*
*Não, não é.*
*O sentido da vida é o que acontece entre as pessoas.*

**Martha Beck (tradução livre)**

O relato da sessão da Fátima me fez lembrar quando o Robson, certa vez, me procurou para uma sessão de supervisão. Ele me ligou por volta do meio-dia de uma segunda-feira perguntando se eu teria agenda para uma sessão de supervisão individual até o fim da semana.

Eu disse que não, infelizmente não tinha como atendê-lo no formato individual. No entanto, sinalizei na ligação que, na sexta da mesma semana, iniciaria com um novo grupo de supervisão de coaching e que seria uma oportunidade incrível de Robson experienciar esse atendimento no formato grupal. Expliquei que são coaches vindos de vários lugares, como Portugal, Moçambique, Angola, Cabo Verde e Guiné-Bissau, e que seria fantástico se tivéssemos um coach brasileiro. Ele, na mesma hora, disse: "Sim, eu aceito". Eu fiquei mais feliz ainda, teríamos seis coaches participando de uma sessão transversalizada pela multiculturalidade lusófona.

Chegou o grande dia. O primeiro desafio proposto por mim foi convidar cada participante a se apresentar. Pedi que falassem o nome, o lugar de onde falavam e qual era a expectativa da supervisão em um minuto. Assim, todos os colegas poderiam se aproximar e se conhecer um pouco mais...

Se me lembro bem, foi mais ou menos assim:

— Meu nome é Robson Santarém, falo do Brasil, do Rio de Janeiro, precisamente da cidade de São Gonçalo. A minha expectativa é aprender com todos vocês. O fato de termos a língua portuguesa como uma interseção já mexe comigo. Sinto uma forte intuição que vamos pensar o pensamento que não foi pensado e que ainda está no mundo das ideias. Não trago nenhum problema específico, mas tive vontade de participar, porque penso que a Supervisão é a Visão Super dos processos. Ou seja, de nós mesmos, da qualidade da nossa conexão com o cliente, do tipo de dança que há entre nós, das ferramentas que selecionamos para trabalhar com um cliente ou com outro, do impacto que qualquer cliente pode ter sobre nós, seu contexto cultural e o que podemos fazer com isso para sermos pessoas e profissionais melhores.

Logo, Vera pegou a palavra:

— Meu nome é Vera, sou de Angola e moro em Luanda. Tenho 36 anos e sou coach há 3 anos. Atualmente, sou viúva e vivo com minha mãe e meus dois filhos gêmeos pequenos. Já participei de outros grupos com Dulce, e minha expectativa é identificar e impedir que o meu lado consultora invada a sessão de coaching. Procuro ficar superatenta a isso. Falo, inclusive, comigo internamente: "Vera, esse contrato é de coaching". Às vezes, quando faço as perguntas ao cliente, me flagro perguntando até em câmera lenta. Agora me ouvindo, creio que fico é com receio de dar alguma fórmula mágica ou fazer uma pergunta fechada ou mais tendenciosa.

Imediatamente, o microfone ligou e...

— Eu sou de Moçambique, meu nome é Nair. Estou trabalhando com coaching há mais de 10 anos, faço supervisão com Dulce há uns 3 anos e não largo ela. Peguei um cliente que está dando cabo da minha cabeça. Não sei o que fazer, aliás o que eu mais sei é que NÃO SEI trabalhar com ele. Minha expectativa é que esse espaço funcione para mim como um laboratório de aprendizagens, de tempestade de ideias mesmo...

Alguns microssegundos de expectativa...

— Eu sou da Guiné-Bissau, mas moro nesse momento em Portugal. Meu nome é Paulo. Nunca fiz supervisão, essa é a minha primeira vez. Assisti a uma demonstração de Supervisão Grupal feita pela Dulce neste ano na ICW (International Coaching Week) – evento global promovido pela ICF para divulgação do coaching profissional de 2023. Na demonstração, percebi tanto carinho, respeito, amorosidade, confiança e aprendizagens entre os colegas e ela, que resolvi inscrever-me. Identifiquei também que fazer supervisão grupal é algo valioso e que posso compor em meu orçamento mensal. Sou novato no coaching, estou há um ano e meio e minha expectativa é entender como identificar o objetivo real que o cliente quer trabalhar.

E na sequência chegou a Eurídice:

— Meu nome é Eurídice, sou de Cabo Verde. Essa é a primeira vez que faço supervisão. Conheci a Dulce também na ICW deste ano.

Eu estou muito preocupada, pois estou trabalhando com dois clientes de uma empresa cá de Cabo Verde, e o RH mais o líder deles acha que eu tenho que contar tudo que se passa na sessão de coaching para eles. Eu aprendi que não posso e não devo fazer isso. Então, minha expectativa é aprender com vocês um jeito de enfiar na cabeça dessa malta[2] que não falarei nada.

E, por fim...

— Meu nome é Maria João, meus amigos me chamam de MJ e eu gosto muito. Sou de Portugal, mas moro no Brasil há cerca de 8 meses. Nunca fiz supervisão, mas assisti a uma palestra seguida de demonstração em uma das regionais da nossa associação, em que Dulce foi a palestrante e supervisora e gostei. Então, resolvi inscrever-me quando vi a divulgação do trabalho dela no LinkedIn. Minha expectativa é atender bem os meus clientes. Às vezes, percebo que não me faço entender para eles, percebo que há gralhas entre nós. Apesar, Robson, de você ter dito que temos a língua portuguesa como interseção, e eu concordo com você, vejo também que temos muuuuuuitas diferenças. Outro dia, meu cliente brasileiro me respondeu: "MJ, não entendi patavinas do que falou". Ao ouvir isso, pensei: "O que será patavina? Será que é não entender nada?"

Todos riram muito nesse primeiro encontro, parecia que todos se conheciam há anos. Constato, mais uma vez, que um espaço seguro e de confiança é capaz de fazer maravilhas entre nós, humanos.

Peguei a palavra e disse:

— O objetivo dessa primeira sessão de supervisão é nos aproximarmos para nos conhecermos. Então, ao longo dos encontros, sabemos mais um dos outros e dos valores que podemos agregar com a prática da Supervisão. É neste primeiro

---

[2] Termo utilizado em alguns países lusófonos para referir-se a um grupo de pessoas.

momento após a sensibilização, da acolhida, que fazemos o acordo da supervisão. Já sabemos que serão cinco encontros, um a cada três semanas, com 1h45 de duração, podendo variar em 15 minutos para mais ou para menos. Além disso, possivelmente transitaremos nas três instâncias da supervisão: normativa, formativa e restaurativa, dependendo da demanda que o grupo eleger.

Três colegas eram marinheiros de primeira viagem, ou seja, nunca tinham feito Supervisão em Coaching. Pedi então aos outros que já têm essa prática na sua vida profissional para partilharem a percepção deles sobre este espaço importante para os coaches e todos que trabalham como profissionais de ajuda.

Seguem alguns dos melhores comentários:

— Para mim, é um momento de pausa e reflexão, e se for em grupo ainda é mais profundo. Mesmo que naquele dia o meu caso nem seja escolhido, sempre aprendemos. Eu saio da sessão muito nutrida, refletindo sobre tudo: a minha postura, quem sou eu quando estou em ação com meu cliente. Aprendo com a fala do meu colega, com as perguntas, com a troca experiência e da conexão que fazemos junto com todos, inclusive com a Dulce. (Nair, coach de Moçambique)

— Supervisão para mim é uma oportunidade de aprender mais, com os vários processos que podem aparecer. Às vezes, me flagro com medo de fazer ou falar algo errado, mas aprendi na supervisão que a vulnerabilidade é potência. Isso me faz enfrentar todos os meus medos e receios. Eu quero é Ser e Fazer com maestria! (Vera, coach de Angola)

— Essa será a primeira vez que farei supervisão de coaching no formato grupal. Eu já faço supervisão há uns cinco anos com a Dulce, de forma individual. Ela me convidou a me juntar a esse grupo que acabamos de formar, e já digo que estou amando.

Dessa vez estou procurando a supervisão para desfrutar e usufruir ao máximo desse processo de coaching com a minha cliente Fátima. Sinto que preciso ouvir e pensar junto com outras pessoas. Nós sabemos que ganhamos para aprender, e isso é mágico em nossa profissão. Vim aqui para sentir, pensar e agir no que posso melhorar ainda mais, o que percebo que já venho construindo. (Robson, coach do Brasil)

Os outros coaches observam atentamente as falas, a postura, o espaço de transparência que se instala na sala virtual. A energia de verdade inunda a todos, em conjunto com a autenticidade dos colegas que praticam a arte da Visão Super.

Depois de um silêncio de três minutos, pergunto se há algo a ser dito por alguém. Um representante do grupo dos "calouros em supervisão", Paulo, diz não ver a hora de vivenciar a sessão. As outras duas coaches concordam, eu agradeço aos três e inicio perguntando quais serão as nossas regras de funcionamento, uma vez que estaremos juntos a cada três semanas por cinco meses num encontro que pode durar até duas horas.

**Cada um pegou a palavra e contribuiu com uma regra:**

1. "Chegar sempre no horário, evitar atrasos, até porque estamos com vários fusos horários. Caso um de nós veja que o atraso pode acontecer, por favor, nos avise pelo grupo do WhatsApp com alguma antecedência. Assim, eu me sentirei considerada e prometo que farei o mesmo." (Eurídice, coach de Cabo Verde)

2. "Evitar julgamento, mas se perceber que está julgando, identifique quais crenças ou vieses em que o julgamento está assentado e traga oportunamente para a sessão de supervisão." (Nair)

3. "Ser vulnerável, se despir mesmo, sem se preocupar com o que o Outro pode achar. Estamos em um espaço sagrado e de confiança." (Vera)

4. "Quando algum colega falar uma palavra que não entendermos, vamos aproveitar a oportunidade de afiar a técnica da desconstrução. Já que Maria João, se me permite, nossa MJ, falou de palavras que não entende dos seus clientes, sugiro aproveitarmos este espaço para criarmos um glossário de coaching dos países de Língua Portuguesa. Desde já digo que adoraria ficar incumbido disso." (Robson)

5. "Que este espaço seja um sítio[3] para também tirarmos dúvidas. Mesmo que a pergunta para algum de nós pareça uma pergunta burra, não quero ter essa sensação e nem ter medo de falar." (Maria João – MJ – coach de Portugal)

6. "Peço a todos confidencialidade total... que tudo o que se passar aqui fique somente entre nós." (Paulo – coach da Guiné-Bissau)

Eu contribuo dizendo que o Silêncio no grupo é muito bem-vindo. Caso ele se manifeste, que o recebam, pensando nos pensamentos e nos sentimentos que transitam no nosso mundo interno e os que rondam a atmosfera de nossa sala virtual.

Ficamos um tempo ali, alguns segundos nos olhando e pensando... Eu, ao olhar para cada fisionomia, chegava a sentir o mundo de interditos passeando pelas mentes e pelos corpos dos coaches, inclusive os interditos que passeavam no meu...

Pego a palavra e dou uma nova consigna, convidando cada coach a apresentar um caso que esteja no seu espaço vital neste

---

[3] Termo utilizado em alguns países lusófonos para indicar uma localidade; lugar.

momento, algo em torno de um a três minutos. Digo para todos apresentarem o caso aos colegas, ouvirem e então elegerem enquanto grupo qual será o mais emblemático para trabalharmos, aquele que irá agregar mais valor às questões de todos.

Silêncio...

Robson inicia apresentando seu caso:

— Estou com uma cliente chamada Fátima, de 34 anos, que atua em uma empresa familiar com seu pai e seu irmão. Estamos neste momento na quarta sessão, trabalhando no processo de coaching a questão da liderança, transitando sobre os papéis de cada um, que lugares ela e o irmão têm, de fato, na empresa. Principalmente nesse momento que seu pai, grande patriarca, está afastado por motivo de doença. Na primeira sessão, Fátima elegeu trabalhar como identificar um caminho para um diálogo construtivo com o irmão, uma vez que pensam diferente. Até porque ela é da área de humanas e ele do segmento de inovação e tecnologia. Na segunda sessão, Fátima buscou identificar insights que a ajudassem na melhor definição de Missão, Visão e Valores para compartilhar com o irmão. Na terceira, trabalhamos o resultado desses dois encontros e como os irmãos poderiam envolver os 58 colaboradores e os dois estagiários da organização para que fizessem uma construção coletiva. Ou seja, uma gestão bem diferente da comandada por seu pai, Sr. José Carlos, que tem como marca uma liderança centralizadora, mas com valores sagrados como honestidade e bem-estar dos empregados. Além disso, pregava que o cliente deveria ficar sempre satisfeito, mesmo que isso custasse para a empresa. Na quarta sessão, ela vem trabalhando justamente a questão dos valores e de como aplicá-los no dia a dia. Tem sido muito tranquilo trabalhar com ela. Na verdade, tranquilo até demais, por isso fiquei com vontade de falar sobre esse caso. O que será que pode estar debaixo do meu nariz e não estou vendo?

FÁTIMA | 4ª SESSÃO

Nair pega a palavra e desesperadamente diz assim:

— Olha, maltinha, eu gostei muito desse caso de Robson. Essa empresa familiar deve ter muitos sarilhos,[4] mas eu preciso da vossa ajuda. Tenho um cliente de 17 anos que está fazendo coaching de carreira comigo. Os pais são médicos, os avós também, tipo os melhores médicos da cidade. O avô dele tem até nome de rua. Entretanto, o miúdo[5] não quer saber de Medicina, ele só quer saber de um tal de mangá, é apaixonado por isso e eu não percebo nada disso."

Vera pega a palavra e diz:

— Estou com um cliente que aposto que é de psicoterapia. Estamos caminhando para a terceira sessão, fechei um processo com ele de oito encontros. O rapaz só fala do pai, que o chefe dele lembra o pai. Ele já errou o nome do chefe e também trocou o nome do pai. Inclusive, isso já ocorreu até na sessão. Eu tenho me percebido tensa, principalmente quando vai chegando o dia de trabalhar com ele: sinto-me apavorada. Não sou psicóloga, sou administradora com MBA em Gestão de Pessoas. Além disso, tenho uma formação em coaching, que considero top, o curso inclusive é acreditado internacionalmente. O fato é que não me sinto confortável com essa situação. Já pensei em voltar para o começo, sinto que devo fazer isso, voltar ao Contrato e à Definição de Termos, mas meu receio é: e se chegarmos à conclusão de que ele deve ir mesmo para a psicoterapia, como falar isso? Tenho medo de que se sinta rejeitado.

Chega a vez de Eurídice:

— Olha, eu não sei nem o que dizer. Ouvindo os casos de vocês, eu já sinto que vou aprender muito, estou adorando esses

---

[4] Termo utilizado em alguns países lusófonos para representar desafios, complicações, confusões.

[5] Termo utilizado em alguns países lusófonos para fazer referência a crianças ou jovens.

cinquenta minutos iniciais. Sinceramente, o caso que eu tenho é sobre a pressão que venho sofrendo em como dizer ao chefe e ao RH que não posso partilhar o que ocorre nas sessões de coaching. Entretanto, se não elegerem o meu caso não tem a menor importância. Eu fiquei intrigada com o relato da Nair e, não sei por que, sinto que há algo lá que pode me ajudar.

Paulo pega a palavra e diz:

— Nossa! Quanta coisa legal e incrível! Eu desejo de verdade é saber como fazer para extrair o real objetivo do cliente em uma sessão de coaching e ao longo do processo, mas confesso que, depois de ouvir vocês, estou desejoso de escutar mais do que falar e já escolho o caso de Nair.

Maria João arremata e diz:

— Eu também gostaria de eleger o caso da Nair. Nunca trabalhei com coaching de carreira e confesso que fiquei muito interessada com esse enredo. E esse tal de mangá, o que é isto? Está aí outra palavra que não conheço!

Eu pergunto:

— Grupo, qual caso vocês elegem? Como se fosse um coro, todos respondem: "Nair".

Peço então a Nair para fazer uma sumarização maior sobre o caso do jovem apaixonado por mangá. Todos estavam com os escutadores bem abertos.

Nair começa:

— Eu trabalho com jovens que estão em fase de conclusão do ensino médio há algum tempo. O coaching de carreira que faço está vinculado a um trabalho voltado à questão profissiográfica, dos valores que nos energizam, de como percebo-me enquanto estudante neste mundo futuro de caráter profissional. O que, de fato, faz o nosso olho brilhar, sabe? Falo do que nos energiza. Eu estou sempre atraindo esse tipo de cliente, jovens que vão prestar vestibular. Isso, inclusive, é algo que me chama muita atenção: por que só atraio esse tipo de clientes?

Bom, o ponto é o seguinte: toda a cidade conhece a família de meu cliente. Inclusive, eu fui paciente do avô dele, quando era criança. Dr. Galvão foi meu pediatra. A mulher dele é cardiologista, a filha, uma grande ginecologista obstetra daqui de Maputo. Dra. Teresa casou-se com um neurocirurgião renomado. Eles são pessoas incríveis, eu os respeito e admiro muito. Ela procurou-me há umas três semanas pedindo que eu trabalhasse com seu filho. Eu fiquei muito feliz com a procura, me senti reconhecida. Nós fomos colegas de classe quando éramos jovens, do ensino fundamental ao secundário. Eu fui para Economia, por conta do meu pai, e ela, para Medicina, por influência dos pais dela.

O miúdo vai tentar o vestibular no fim do ano. Há uma certa pressão da família, uma expectativa sobre qual área Léo vai escolher e um desejo gigante por parte dos pais para que meu cliente venha a ser médico, como seus pais, o avô e a avó, para dar continuidade ao legado da família. No entanto, o miúdo só quer saber de histórias em quadrinhos, esse mangá, que é lido de trás para frente e em preto e branco. Seu sonho é conhecer o Japão e, se gostar, morar lá.

Como ele é menor, penso que precisarei ter um ou dois encontros com os pais. E é aí que só de pensar nisso me atrapalho toda. Nós tivemos três sessões, e o olho dele brilha quando fala dessa tal revista. Quanto aos outros assuntos, não quer saber de nada. Já utilizei com ele na sessão da semana passada a ferramenta Âncoras, de Edgar Schein, e constatamos o quanto o visual, a Inteligência pictórica e espacial estão de mãos dadas com a capacidade empreendedora dele; são traços bem marcantes.

O jovem diz não se interessar por Medicina, já falou para os pais que não será médico e isso tem sido um desconforto para a família. Às vezes, eu me sinto como se eu estivesse cega, com uma faixa nos olhos, caminhando em um terreno cheio de minas... Uma informação que ele repete constantemente é que a única coisa que sabe sobre seu futuro é que não é medicina. Ele afirma que gosta e sabe bastante sobre a área de design e que ama o estilo japonês. Não quer fazer vestibular, quer fazer um intercâmbio de um ano para o Japão para ver se é isso mesmo. Inclusive, diz que é jovem e que, se não for isso, ainda dá tempo para mudar. Então, termina dizendo uma frase que me faz tremer toda quando lembro: "Que mania que eles têm de achar que todo mundo da família tem que fazer medicina, direito ou economia. Meus primos, tias, tios, quase todo mundo faz o que eles querem que faça. Eu me pergunto: o que será que eles não sabem que precisa ser sabido?"

Todos respiram fundo, inclusive Nair. O silêncio entra em ação mais uma vez. Os colegas parecem repassar as palavras de Nair na cabeça, e eu pergunto:

— Grupo, dentro da fala de Nair, o que mais chamou a atenção de vocês?

Os melhores comentários das primeira, segunda e terceira rondas...

Robson dá a largada para o início das reflexões:

— Nossa, quanta coisa séria que Nair nos contou... Eu tenho duas questões, uma delas até me pegou. Se eu for convergir com meu caso... quando você pensa no Léo, seu cliente, quem ele te lembra? E.... se me permite a outra pergunta, eu a ouvi dizer que você, Nair, e a Teresa são economista e médica por influência dos pais de vocês. Isso significa o que para você?

Nair responde:

— Nossa, Robson, acabei me dando conta de que eu e Teresa sofremos a mesma "pressão" que Léo está sofrendo neste momento. Só que em nossa época era diferente, como se tivéssemos que engolir e fazer o que nossos pais diziam ser o melhor. Hoje, aos 59 anos, já não atuo mais como economista. Eu fiz transição de carreira aos 49 anos e, ao fazê-la, iniciei minha formação em coaching e me especializei em *mindfulness*. Inclusive, penso que acabo de descobrir com suas perguntas por que atraio esses meninos dessas idades. Eu tive o mesmo nó aos 17 anos, só que eu engoli a pressão e, anos depois, o desatei. Léo não, ele está querendo encontrar o seu melhor nesta temporalidade. Esta geração talvez não queira esperar vinte ou trinta anos, feito eu.

Vera pega a palavra e pergunta:

— O avô e a avó estão vivos? Outra pergunta que está rondando minha cabeça, como começou esse vínculo com o Japão? E quem apresentou a ele o mangá?

Nair responde muito animada, como se estivesse concedendo uma entrevista aos colegas, e diz:

— Ora, viva Vera! Sim, os avós estão vivos e estão muito preocupados com Léo. Ele, inclusive, fez uma das entrevistas que são realizadas no coaching de carreira com os avós e identificou que eles estão mais receptivos a uma escolha diferente de Medicina do que seus próprios pais. Quanto ao Japão, Léo sempre gostou, desde pequeno, aos 10 anos. Ele gosta da música, dos filmes, dos livros e diz que se identifica com a cultura. Nesse momento, tem conversado pela internet com uma menina de lá, creio que há um carinho entre eles.

Paulo, supermotivado, dá um passo à frente e fala:

— Nair, que caso incrível! Eu percebo que a estrutura é semelhante ao meu caso. Não paro de pensar em tudo isso que nos contou, e fica a pergunta na minha cabeça, tanto no seu caso como no meu: como podemos extrair o objetivo real do cliente? Afinal, Léo é o cliente, é ele que está no processo de coaching. Os pais dele são os patrocinadores, assim como ocorre quando uma empresa paga o processo de coaching para um colaborador. Até onde é o espaço do Eu? E do Outro? Mesmo que esse outro seja o patrocinador, até onde ele deve saber?

Eu escuto e observo a todos, Nair entra na arena mais uma vez e responde:

— Paulo, sua pergunta é muito estruturante para mim. Sim, os pais são os patrocinadores, mas não são o Léo inteiro, são partes dele. Preciso perguntar ao meu cliente com o que ele, de fato, deseja trabalhar neste processo de coaching e a cada sessão. Para isso, seguirei o protocolo das oito competências nucleares da ICF, principalmente os marcadores da terceira competência, Estabelecer e Manter Acordos: 3.1, 3.2, 3.3 e 3.4. É importante respeitar a individualidade do cliente e seu processo de individuação em relação aos pais e avós na replicação desse padrão, em que todos são médicos. No mês que vem ele fará 18 anos. Às vezes, me flagro pensando: qual é a idade legítima para os outros mundos internos perceberem que o Eu pode tomar as rédeas da sua vida? Para o mundo externo legalizado, um Eu maduro e responsável deve estar pronto aos 18 anos.

Silêncio...

Esse bem comprido... sete minutos.

Eu, Dulce, dou um passo à frente na arena virtual e faço uma breve sumarização. Estamos diante de um caso em que poderemos refletir sobre escolhas que podem ser: pensadas, atribuídas, ponderadas, aprendidas, replicadas e/ou influenciadas. Sinto que o momento pede para ouvir, escutar, ver o fenômeno pelo olho do outro... Uma pergunta que capto no ar: o que mais precisa ser descoberto para sabermos o que ainda está embaixo do pano? Quem deseja contribuir mais?

Os melhores comentários das quarta e quinta rondas...

Eurídice respira fundo e diz que o caso de Nair já está a ajudar muito, principalmente a perceber que não se deve acolher a pressão. Concorda com o ponto de vista de Paulo e diz:

— Sim, vejo esse ponto em comum com todos nós: como extrair o real objetivo do cliente?

Eurídice pede para Nair falar como se sente com ele, como é a relação deles dois na sessão e termina perguntando:

— Você se sente pressionada também pela família do miúdo assim como estou me sentindo pelo chefe e o RH da empresa do meu cliente?

Nair responde:

— Eurídice, obrigada, por alertar-me. Sinto-me pressionada sim, e agora com a sua pergunta eu me questiono o porquê. Será que é por terem me escolhido e por serem superconhecidos e reconhecidos na cidade? Tenho que pensar mais nisso... Quanto à nossa relação, é excelente. Ele parece um doutor na arte desse mangá, além de ser um rapaz muito divertido e educado. Acabo de perceber que eu estou preocupada é com o resultado e não com o processo do meu cliente e da nossa parceira. Muito obrigada, Eurídice, Paulo, vocês viraram uma chave na minha cabeça.

Maria João ouve tudinho e solta uma pedra preciosa no ar:

— Quer saber, isso está tramado! Precisamos ver o que não sabemos aqui... Exatamente como eu fico com meus clientes brasileiros quando eles falam um monte de palavras que eu não entendo nada. Na verdade, pensando melhor, chego a uma conclusão: às vezes, é bom estarmos cegos, como você falou, Nair. Porque esta cena de acharmos que sabemos de tudo, inclusive da vida dos outros, é sarilhos na certa. Não aprendemos que o especialista da vida de um Eu é o próprio Eu?! Olha, Nair, quer saber? Estou como teu miúdo: **eu não sei!** Assumo, não sei mesmo algumas das palavras que os brasileiros falam. MJ fica em silêncio e, de repente, com a voz embargando, diz:

— Entretanto, eles também não sabem algumas das minhas. Jesus!!! Que insight, tive agora! Ah, como eu quero aprender com vocês!

Nair responde:

— MJ, você é mágica! O que eu não sei em mim? Como olhar o fenômeno pela perspectiva do outro? O que está debaixo dos nossos narizes? Tanta coisa! E o tanto que eu sei agora a partir das perguntas que vocês me fizeram... Só posso dizer muito obrigada!"

A sessão está muito profunda. Peço permissão para partilhar os processos paralelos que captei ao longo da sessão.

— Eu sinto mais uma vez o quanto é importante e valioso confiarmos no que sentimos, o quanto devemos olhar para o que está ao nosso redor. Não sei se perceberam, mas três vezes um livro caiu na minha cabeça desde que começamos a sessão. E, por curiosidade, todas as vezes que caía me flagrava pensando em que momento já me deparei com uma situação de "Não Saber Mor" na minha vida. Putz! Foi há 41 anos. Eu estava com quase 17 anos, os mesmos de Léo, e lembro-me de que fui para uma praça em um bairro chamado Méier, da cidade do Rio de Janeiro, com meu namorado. De repente, do nada, apareceu o Cláudio, primo do meu namorado. Ele percebeu pelas nossas fisionomias que estávamos diante de uma situação do tipo *não sabemos o que fazer mesmo*, estávamos lixados.[6] Ele surgiu como se tivesse caído sobre nossas cabeças, exatamente como este livro. Na segunda vez, senti e pensei: "será que há algum saber neste livro que pode nos ajudar?" Não sei se vai nos levar a escavar mais, mas sinto que devo confiar na minha intuição.

Quando peguei o livro, percebi que havia uma folha solta com algumas anotações e uma fábula de autoria desconhecida, que circula pelas redes... Como nada é por acaso e como eu costumo dizer "caiu na rede é peixe", pedi permissão ao grupo para ler a história e todos ficaram curiosos para saber o que o universo estava mandando de recado para nós. Então começo a ler:

> Um cientista vivia preocupado com os problemas do mundo e estava resolvido a encontrar meios de minorá-los. Passava dias em seu laboratório em busca de respostas para suas dúvidas.
>
> Certo dia, seu filho de sete anos invadiu o seu santuário decidido a ajudá-lo a trabalhar. O cientista, nervoso pela interrupção, tentou fazer com que o filho fosse brincar em outro lugar.
>
> Vendo que seria impossível demovê-lo, o pai procurou algo que pudesse ser oferecido ao filho com o objetivo de distrair sua atenção. De repente, deparou-se com o mapa do mundo e alegrou-se, pois era exatamente o que procurava! Com o auxílio de uma tesoura, recortou o mapa em vários pedaços e, junto com um rolo de fita adesiva, entregou ao filho dizendo:
>
> — Você gosta de quebra-cabeças? Então vou lhe dar o mundo para consertar. Aqui está o mundo todo quebrado. Veja se consegue consertá-lo bem direitinho, mas não se esqueça: faça tudo sozinho!

---

[6] Termo utilizado em alguns países lusófonos para designar descontentamento com alguma situação difícil.

Calculou que a criança levaria dias para recompor o mapa. Algumas horas depois, ouviu a voz do filho que o chamava calmamente:

— Pai, pai, já fiz tudo. Consegui terminar tudinho!

A princípio, o pai não deu crédito às palavras do filho. Seria impossível, na sua idade, ter conseguido recompor um mapa que jamais havia visto. Relutante, o cientista levantou os olhos de suas anotações, certo de que veria um trabalho digno de uma criança. Para sua surpresa, o mapa estava completo. Todos os pedaços haviam sido colocados nos devidos lugares. Como seria possível? Como o menino foi capaz? Perguntou-se o cientista e resolveu averiguar com o filho como ele tinha conseguido tal feito:

— Você não sabia como era o mundo, meu filho, como conseguiu?

— Pai, eu não sabia como era o mundo, mas quando você tirou o papel da revista para recortar, eu vi que do outro lado havia a figura de um homem. Quando você me deu o mundo para consertar, eu tentei, mas não consegui. Foi aí que me lembrei do homem, virei os recortes e comecei a consertar o homem, que eu sabia como era. Quando consegui consertar o homem, virei a folha e vi que havia consertado o mundo!

Todos ficam muito impressionados com a profundidade da nossa conexão. Inclusive eu, ao testemunhar junto com eles como não saber pode ser fundamental e poderoso em nossas histórias de vida e o quanto ele pode nos levar a lugares incríveis.

Nair pega a palavra e diz estar muito agradecida e que sentiu e pensou sobre todas as perguntas feitas pelos colegas. Além disso, afirmou que percebeu o silêncio comprido como uma grande ferramenta de intervenção e que podemos usar. Finalizou dizendo que a história nos mostra que é preciso ConFiar no próximo, no *Grande Outro*, brincando com as palavras ConFIAR, dizendo que significa FIAR Com AR mesmo.

Novo silêncio...

FÁTIMA | 4ª SESSÃO

Eu começo a introduzir o final da sessão, dizendo:

— Estamos em um momento profundo de reflexão. Quero dizer que estou lendo as mensagens no chat de agradecimentos e percebendo o quanto a história do pai cientista com seu filho está nos movimentando internamente, sim. E já respondendo a Eurídice, a Vera e a Paulo, podemos falar mais sobre a reflexão na próxima sessão. Estamos caminhando para o final do nosso encontro de hoje.

MJ pede a palavra:

— Desculpe, Dulce, mas antes que eu me esqueça e a sessão de hoje termine, preciso pedir: Robson, me explica essa tal técnica da desconstrução?

Robson pede a palavra, faz um sinal de Ok na câmera para MJ, e escreve no chat informando a todos que explica, sim, a técnica da desconstrução.

— Nossa, Dulce, essa história do menino com o pai tem total relação com o caso Fátima, que busca se diferenciar do pai e construir algo junto com o irmão. Outro ponto importante que levo dessa sessão é que eu preciso estar atento aos meus pensamentos. Fiquei muito tocado com a fala de Vera. Eu também venho da consultoria, e sabemos que o *modus operandi* é totalmente diferente do coaching. Neste, eu vibro com meus clientes, e vibrei com Fátima, principalmente quando ela falou de Missão, Visão e Valores na sessão. Vera está certa, temos que lembrar sempre qual o chapéu que estamos usando, para qual serviço fomos contratados, para não corrermos o risco de fazer uma pergunta mais tendenciosa ou até mesmo parcial. Eu estou muito feliz por participar e perceber que só pensei, mas não perdi em momento algum a presença e a mantive firme. Se me permitem, já que todos querem finalizar com o silêncio, gostaria só de mostrar as anotações que fiz de algumas palavras que sei para partilhar com todos. MJ, essa é especial para você!

**Técnica da Desconstrução** – muito utilizada em processos de comunicação, é uma poderosa ferramenta de coaching. Essa técnica faz com que o cliente defina os termos com uma ação, a partir do fazer, proporcionando a visualização de uma cena. Por exemplo, seu cliente diz que não entendeu patavinas do que falou, MJ. Você pode perguntar a ele: "a pessoa que fala patavinas faz o que exatamente?" E a pessoa pode responder assim: "é uma pessoa que fala algo e não entendemos nada!"

MJ responde a Robson:

— Que legal, Robson. Então minha intuição estava certa, preciso conFiar mais nela!

Termino a sessão me despedindo de todos e lembrando do próximo encontro dentro de três semanas.

# ANA CLÁUDIA — 2ª SESSÃO

*Ouvir verdadeiramente alguém resulta numa outra satisfação especial. É como ouvir a música das estrelas, pois por trás da mensagem imediata de uma pessoa, qualquer que seja essa mensagem, há o universal. Escondidas sob as comunicações pessoais que eu realmente ouço, parece haver leis psicológicas ordenadas, aspectos da mesma ordem que encontramos no universo como um todo. Assim, existem ao mesmo tempo a satisfação de ouvir esta pessoa e a satisfação de sentir o próprio eu em contato com uma verdade universal.*

*Assim, aprendi a me perguntar: sou capaz de ouvir os sons e de captar a forma do mundo interno desta outra pessoa? Sou capaz de pensar tão profundamente sobre o que me está sendo dito, a ponto de entender os significados que ela teme e ao mesmo tempo gostaria de me comunicar, tanto quanto ela os conhece?*

**Carl Rogers**

## Provocações de Robson Santarém

Faz cerca de dez meses que a empresa em que Ana Cláudia trabalha há doze anos foi adquirida por uma multinacional. Nesse período ocorreram reestruturações de áreas, movimentação de pessoas, incluindo alguns desligamentos, revisão de todo o planejamento estratégico e, obviamente, um processo de mudança na cultura organizacional.

A nova diretoria mostrou-se muito solícita com todos os empregados, porém firme no estabelecimento da nova Missão, Visão e Valores. Para tanto, houve o investimento na comunicação interna, interação com a presidência e frequentes reuniões com o corpo gerencial. Além disso, ofereceu a todas as lideranças um processo de coaching que pudesse contribuir com a adaptação à nova realidade e com os grandes desafios de crescimento que a empresa projetava para os próximos anos.

O diretor de Recursos Humanos promoveu uma reunião com os gestores e os dois coaches contratados para expor os objetivos e a importância do processo para a organização. Na ocasião, nós, os coaches, esclarecemos todas as dúvidas sobre como funciona o coaching, enfatizando o aspecto ético da confidencialidade, além das cláusulas contratuais estabelecidas com a empresa. Cada líder assinou e recebeu uma cópia do contrato e do código de ética seguido por nós. Dos oito gerentes contemplados, três eram da empresa adquirida, entre os quais a Ana Cláudia, que atuava na área de relacionamento com clientes.

Na primeira sessão, ela contou-me sobre sua longa experiência e como estruturou seu departamento desde que foi contratada e como angariou o respeito e admiração dos antigos diretores pelos resultados positivos que sempre apresentou. Atualmente, com 44 anos de idade, com uma especialização e cursando o mestrado, confidenciou que não se sentia segura com o novo "jeito" que a empresa estava assumindo. Ao mesmo tempo, estava satisfeita por ter sido convidada a permanecer na organização.

Considerou a sessão bastante proveitosa na medida em que se deu conta do seu valor, o que lhe dava mais autoconfiança para enfrentar os desafios que se avizinhavam. Entretanto, voltou ao tema na segunda sessão. Ana Cláudia revelou ainda que nunca tinha sofrido tanta pressão por parte dos seus superiores e precisava trabalhar a inteligência emocional para lidar com a situação.

Considerando que a inteligência emocional, segundo Daniel Goleman, reúne um conjunto de habilidades, perguntei-lhe que habilidade considerava importante ser desenvolvida. Ana Cláudia tinha boa formação e sabia do que estava falando e qual era a sua necessidade. Comentou que estava bem confortável com relação às habilidades de empatia e de relacionamento social. No entanto, naquele momento de sua trajetória, se deu conta de que estava com dificuldades de lidar com a exagerada pressão pelos resultados e com tudo o que vinha acontecendo na empresa e que a deixava em estado de tensão permanente. Ana não queria deixar transparecer o que estava sentindo para os supervisores e equipe a ela subordinados.

Foi uma sessão marcada por fortes emoções, desabafos e conscientização de suas forças e uma oportunidade para eu também praticar a empatia, o acolhimento, a presença e a escuta ativa e sensível. Tudo isso possibilitou à cliente sentir-se em um espaço de confiança e segurança, condição essencial para que o processo de coaching aconteça de modo eficaz.

Ela definiu como uma medida de sucesso para aquela sessão saber lidar com os acontecimentos recentes da maneira mais segura e serena possível. Isso tinha uma grande importância para ela, visto que todos a conheciam por seu equilíbrio nas relações mais desafiadoras e conflitantes. No entanto, algo muito mais forte estava perturbando a minha cliente a ponto de buscar uma solução no coaching.

Relato alguns momentos que foram decisivos na sessão.

— O que te dá esse equilíbrio pelo qual é reconhecida?

— Acho que é a minha espiritualidade, que é muito, mas muito importante para mim. Na verdade, significa tudo. Foi cultivando a espiritualidade que aprendi a entender melhor as pessoas e a ser empática, o que fez a diferença em todos esses anos em meu trabalho. É nela que encontro forças para lidar com todos os desafios que enfrento fora e dentro do trabalho. Foi graças a essa força interior que só a espiritualidade pode dar que consegui vencer os preconceitos e chegar aonde cheguei. Porque você deve saber que não é fácil para uma mulher negra alcançar uma posição gerencial. Entretanto, aqui estou, com outros desafios agora...

— Explica para mim, por favor, o que você chama de espiritualidade...

— Ué! Você não entende? Não tem a ver com religião. Se bem que eu tenho a minha fé e é por ela que desenvolvi a minha espiritualidade. Deixe-me explicar melhor, então. Para mim tem a ver com os valores mais importantes da vida, de como praticamos o amor ao próximo, a solidariedade, o respeito, a busca do bem-comum, essas coisas, entende? Para mim, tudo isso tem a ver com a espiritualidade e é o que dá sentido à minha vida.

— Entendo... o sentido da vida...

— Exatamente! A minha relação com o Sagrado é que me faz ser quem eu sou, é assim que encontro significado para minha vida e para tudo o que faço, incluindo, é claro, o meu trabalho. É desse modo que encontro forças que já estão dentro de mim, porque eu creio que Deus está dentro de mim e, é claro, também dentro de todas as outras pessoas. Se não fosse essa fé eu não teria suportado tantas situações de racismo e de machismo, principalmente quando a gente começa a crescer dentro das empresas, sem falar do ambiente universitário...

— Muito profundo isso que você fala e bonito te escutar. Como, então, você pode usar toda essa força que está dentro de você para superar as dificuldades que está encontrando agora?

Talvez tenha sido o maior tempo de silêncio que já experimentei em uma sessão de coaching. Por um momento, por um longo momento, Ana Cláudia permaneceu de olhos fechados, a princípio com o cenho fechado e, aos poucos, o seu semblante foi se tornando suave. Parecia que ela estava percorrendo todos os meandros do seu interior para encontrar as respostas que pareciam ser muitas. Ou, talvez, uma única e definitiva, que era a chave para todas as demais. Confesso que, para mim, foi como um momento de contemplação. Quando ela abriu os olhos sorrindo eu correspondi com um sorriso e perguntei:

— O que esse silêncio tem a dizer?

Ana Claudia respirou profundamente e disse:

— Reconheço que sou forte o suficiente para superar o que estou passando. Ao longo da minha jornada, eu passei por muitas situações e aprendi em cada uma delas a desenvolver qualidades atribuídas à inteligência emocional, e são de fato. Entretanto, para mim, devo muito mais à minha força espiritual, sem a qual eu não chegaria aonde cheguei.

Estava emocionada. Parou de falar por um instante, o que me permitiu perguntar: o que mais está presente nessa emoção?

— Aprendi na meditação, no diálogo interior, na oração, enfim, em tudo o que faço, que os meus valores são essenciais e que me dão a direção do que devo fazer e como devo fazer. É a minha bússola, entende? Estou certa de que, graças ao meu esforço de ser coerente com os valores, que consegui crescer dentro da empresa, criar ótimos relacionamentos e obter alto índice de satisfação na relação com os clientes.

— Percebo que você está muito diferente do início da sessão, o que se passa dentro de você?

— Verdade. Me sinto mais serena...

— Algo mais mudou em você, após esse silêncio?

— É verdade! Tive uma clareza à medida que refletia, acho que ainda não tinha me dado conta. E te agradeço por ter me ajudado a olhar para isso.

— E o que está mais claro agora que não estava antes?

— Que esse não é mais o meu lugar! – Respondeu-me com a firmeza de uma juíza proclamando um veredicto.

Como é devido no coaching, embora tenha sido surpreendido, não reagi com a resposta, mantive a postura de acolhimento e apoio à cliente, que prosseguiu dizendo:

— Respeito a direção que a empresa está tomando e a forma como a diretoria tem tratado a todos. Inclusive com esse investimento no coaching para o nosso desenvolvimento, além dos benefícios e oportunidades que podemos vir a ter, já que é uma empresa muito maior. No entanto, estou vendo e sentindo que os valores que estão sendo praticados são muito diferentes dos meus. Acho que não dá mesmo para conciliar e foi isso que percebi nessa sessão e é o que está tirando meu equilíbrio. Infelizmente...

— O que vai ser diferente, então, a partir de agora?

— Vou me organizar. Primeiro aqui dentro de mim para saber o que vou fazer. Acho que tenho condições de me recolocar no mercado e preciso de um tempo para deixar a gerência organizada e, quem sabe, recomendar alguém para o meu lugar...

— Você me disse no início da nossa conversa que queria encontrar uma maneira segura e serena de lidar com tudo o que está vivendo. Como você está agora?

— Plenamente serena e segura de que essa é a melhor decisão que tenho que tomar. Tive a oportunidade de escutar o meu coração, a minha bússola, e ele está sempre certo.

Senti que já podíamos caminhar para o fim da sessão, e como ainda tínhamos alguns minutos, quis saber como ela gostaria de aproveitar o tempo que ainda restava.

Ana Cláudia me fitou nos olhos longamente como quem queria algo mais...

— Será muito bom se você puder me auxiliar nesse processo de desligamento da empresa e me ajudar até sobre como conseguir outra oportunidade, já que há muitos anos que não busco emprego no mercado.

Confesso que fiquei surpreso com a decisão dela e com o seu pedido. Trata-se de uma situação muito delicada para qualquer coach, que precisa estar muito consciente a respeito dos princípios éticos que regem a nossa conduta pessoal e profissional. Além disso, é preciso estar atento ao acordo estabelecido com o patrocinador do processo, nesse caso, a empresa contratante.

Assim, sorri amigavelmente para ela e disse:

— Sinto muito, Ana Cláudia. Agradeço a sua confiança, porém, por questões de ética, eu não posso fazer isso, a não ser que tenha o aval da empresa. Você se lembra que o contrato que assinamos com a empresa não prevê esse tipo de atendimento?

Sorriu meio sem graça e respondeu:

— Está certo, eu entendo.

Quando nos levantamos, estendi a minha mão para cumprimentá-la e disse-lhe:

— O que posso orientar nesse momento é que você converse com o diretor de recursos humanos, que se mostrou tão solícito. Pode ser que a empresa decida continuar patrocinando o processo para você. E, caso não aconteça e você se interesse, posso recomendar algum colega para te acompanhar após o seu desligamento.

— Agradeço a sua atenção e te darei retorno nos próximos dias. Sou muito agradecida pela oportunidade. Muito obrigada de coração.

## Reflexões de Dulce Soares

*— O que você aprendeu, Dorothy?*

*— Se eu jamais voltar a buscar os anseios do meu coração, não irei procurá-los para além do meu próprio quintal, porque se não estiverem lá é que nunca foram realmente meus.*

**Diálogo entre o Homem de Lata e Dorothy do livro O Mágico de Oz**

Assim que terminei de ler essa sessão, emergiu um forte sentimento em mim que deu vontade de dizer: "Ana Cláudia, como tu és preciosa. Ao ler tua sessão com Robson, fiquei tão orgulhosa de você!"

Esta sessão de coaching lembrou-me do filme *O Mágico de Oz*, do livro *O Princípio de OZ: como usar o accountability para atingir resultados excepcionais*, de Roger Connors, Tom Smith e Craig Hickman, e do nosso Código de Ética ICF e seus 28 padrões. "Lembrei-me do filme, Ana Cláudia, porque percebo que tu fizeste ao longo da tua jornada a travessia na estrada de Tijolos Amarelos, assim como Dorothy."

Ah! O poder está sempre dentro de nós, mas, às vezes, precisamos das Fadas para nos mostrar o poder não apenas no sentido de força, como substantivo, mas no sentido de verbo transitivo: eu posso fazer! "E você fez uma jornada apoiada em valores. Vale escrever que os valores fundamentais são mais que apenas palavras no papel e na tela, eles são o que cada um de nós vive todos os dias. Um reflexo de quem somos como pessoas e profissionais. Quem passou por Fusões de Empresas sabe na pele que não é algo fácil. Culturas diferentes, pessoas que chegam, pessoas que saem: é um misto de sentimentos ambivalentes. No entanto, foi fantástico, Ana, ver e ler você dizer um Não consciente, ponderado, pensado e refletido em uma sessão de coaching com Robson Santarém."

Sabe, leitor e leitora, viver experiências como essas do lugar do coach são oportunidades de crescimento existencial gigantes para nós!

Pode nos dar a princípio uma sensação de termos sido soltos no espaço sideral... mas só a princípio. Se pensarmos comprido a situação e analisá-la por essência, como o Homem de Lata nos ensina no filme *O Mágico de Oz*, vamos perceber que o coaching foi efetivo e digno de uma parceria que teve como princípio básico a Seção 1 do nosso Código de Ética ICF: Responsabilidade com o Cliente, nos seguintes itens: 2, 4 e 9 (Anexo II).

- **Item 2:** Crio um contrato com o(s) meu(s) Cliente(s) e Patrocinador(es) que explica os papéis, responsabilidades e direitos de todas as partes envolvidas, antes de começar a fornecer os serviços.

- **Item 4:** Tenho um entendimento claro sobre como as informações são trocadas entre as partes envolvidas durante todas as interações de coaching.

- **Item 9:** Respeito os direitos de todas as partes ao rescindir a relação de coaching em qualquer momento, por qualquer razão durante o processo de coaching, sujeito às específicas do contrato.

Robson fez perguntas claras, abertas, imparciais, utilizou o silêncio como uma grande ferramenta e permitiu à cliente trabalhar esse tal "novo jeito da organização" dentro do seu mundo interno. Desconstruiu com o objetivo de entender e de oportunizar à própria cliente se ouvir de forma específica, observável e mensurável. Foi mais que um escutador ativo, ele utilizou um estetoscópio imaginário e a auscultou, observando seu movimento, sua energia, fisionomia, timbre de voz. Ele parou literalmente para servir o próximo que, no caso, é uma mulher negra de 44 anos, com valores sagrados e que assumiu sua decisão, sem colocar na conta de ninguém. Agiu com autoria, no sentido de autonomia, atividade, liberdade, criatividade e responsabilidade, não como valor apenas, mas no sentido etimológico da palavra, como uma habilidade para responder às vicissitudes da vida. No caso de Ana, foi o reflexo do confronto entre as novas realidades: a sua realidade interna e a nova realidade da empresa.

Sua decisão de sair da empresa comprova o quanto é responsável, sem terceirizar sua atitude a ninguém. Talvez a prática da meditação, somada com a fé e as adversidades da vida que passou tenham sido ingredientes poderosos que contribuíram para Ana ir em frente, ainda mais agora com os conhecimentos que vem adquirindo e construindo no mestrado.

Se eu tivesse a oportunidade de me encontrar com ela, eu diria aquilo que ficou em meu coração: "Sabe, Ana, quando leio a sua história, a vejo acima da linha, como sinalizam os autores do livro *O Princípio de OZ*. Tua jornada transversalizada pela espiritualidade fez com que se responsabilizasse por aquilo que você mesma cativou, seu lugar no mundo!"

Vamos juntos observar esta linha, uma linha tênue que separa o sucesso do fracasso. Abaixo da linha estão as desculpas, as acusações, a confusão e uma atitude de impotência. Acima dela, encontramos um senso de realidade, de propriedade, o comprometimento, a resolução de problemas e a ação determinada, como a de Ana Cláudia, quando identificou que devia sair da empresa e interromper o processo de coaching.

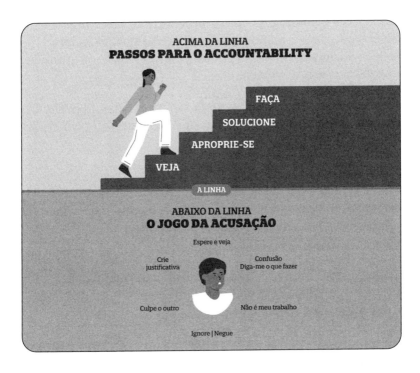

Esta sessão, para mim, foi muito especial. Enquanto mentora, supervisora e educadora, constatei o quanto o processo de desenvolvimento humano profissional, a partir da metodologia do coaching, pode ser útil e fértil. Principalmente quando estamos amparados em um protocolo, em um código de ética e em uma postura transcendental entre os envolvidos. Documentos que, neste caso, estão ligados aos princípios filosóficos e espirituais.

No livro de Michael Carroll e Elizabeth Shaw, *Ethical Maturity in the Helping Professions: making difficult life and work decisions*, podemos perceber esta mesma atitude de Ana Cláudia por outro paradigma de entendimento, por meio dos seis componentes da maturidade ética.

Mas afinal, o que é maturidade ética? É a capacidade intuitiva, emocional, racional e reflexiva de decidir quais ações são certas ou erradas, boas ou ruins e piores ou melhores. A resiliência e a coragem para implementar essas medidas, a disposição de ser responsabilizado pelas decisões éticas tomadas particular ou publicamente e a habilidade de aprender e viver com a experiência.

Muitas vezes, a gente sabe o que tem que fazer, mas não fazemos, por isso nem sempre ficamos em paz com as decisões que tomamos.

Robson convida Ana Cláudia a desconstruir o que ela chama de espiritualidade. Ela explica, e do ponto de vista da desconstrução feita, Robson pergunta: "Como você pode usar toda essa força que está dentro de você para superar as dificuldades que está encontrando agora?"

Aqui foi desencadeado um silêncio muito comprido dentro do mundo interno de Ana, daqueles que fazem uma ressonância magnética dentro de nós.

Tal mergulho me fez lembrar da obra de Michael Carroll e Elizabeth Shaw. A atitude de Ana conectou-me aos seis componentes em que acredito de coração que todos desejamos realmente transitar, pois podemos, por meio deles, crescer profundamente, todos juntos, sem exceção.

Seguem os seis níveis com fins de entendimento para você, leitor, perceber onde fui parar, em uma conexão de amor e paz interna, simplesmente maravilhosa.

O primeiro nível, **Sensibilidade Ética**, significa consciência de si mesmo, do dano, das consequências, do impacto, do comportamento e da intenção. Em seguida, como um efeito dominó, vem a manifestação do segundo nível, **Discernimento Ético**. Ou seja, reflexão, consciência emocional, processo de resolução de problemas e decisão ética. Tudo isso se desdobra para o terceiro nível, **Implementação Ética**. Pensamentos internos do tipo: o que me bloqueia? O que me apoia? Como implementar essa decisão?

Como uma espiral dialética, Ana conversa consigo mesma, atingindo o nível 4, **Conversa Ética**, que significa defender a decisão (primeiro para si mesma) em público e conectar-se aos princípios. Por último, mas não menos importante, temos o nível 5, **A Paz Ética**, que significa a convivência com a decisão, redes de apoio, crise de limites, aprendendo com o processo e deixando-o fluir.

Ana deixou fluir de verdade, e Robson continuou dentro do protocolo, da postura de acolhimento e apoio ao cliente. Assim, após ouvir as novas considerações feitas por ela, perguntou: "O que vai ser diferente então a partir de agora?"

E eu pergunto: e para você? O que vai ser diferente agora, depois de ter lido e percebido a ética não só como obrigação moral, mas como um conjunto de valores sagrados a serem honrados dentro de nós em uma travessia rumo à nossa maturidade bio-psicos-social?

Recomendo que pense bem comprido sobre isso, mas para terminar, deixa eu te contar: descobri recentemente onde mora a Ética. Ela reside na Rua da Confiança S/N.

Vamos embora, leitores, vamos todos para lá!

---

**DICAS PARA COACHES, MENTORES E SUPERVISORES**

Veja aqui os **Valores Fundamentais**:

https://coachingfederation.org/about/our-values

# AUGUSTO — 7ª SESSÃO

*Coaching é uma maneira gentil de fazer crescer a consciência dos desequilíbrios existentes e de ajudar quem está sendo orientado a encontrar um caminho que beneficie seu trabalho e sua liberdade de ação. Isso envolverá a criação de uma visão de futuro ou um ideal a se aspirar, em oposição à batalha que se trava pela sobrevivência ao se evitar problemas.*

**Sir John Whitmore**

## Provocações de Robson Santarém

Fico realmente entusiasmado com as parcerias que tenho realizado com os meus clientes. Caminhar junto com o Augusto foi uma experiência de grande aprendizado, além de me energizar e fortalecer as minhas crenças de que um mundo melhor é possível.

O jovem executivo de recursos humanos me contratou visando se aperfeiçoar na gestão e ampliar sua contribuição com a organização e com a sociedade. Augusto tem 36 anos de idade e duas especializações. Atualmente, é responsável pela gestão de pessoas em uma empresa de médio porte em pleno crescimento e presente em três estados do território nacional. Diante do exposto, poderia parecer que não havia nada a trabalhar no processo de coaching, visto que o seu histórico pessoal e profissional apresenta ótimos resultados.

Quando tivemos a primeira conversa, eu perguntei sobre o motivo de seu interesse em fazer o processo de coaching. Ele respondeu com segurança que o seu principal objetivo era aproveitar os diálogos para aprender ainda mais sobre si e como poderia ser uma pessoa melhor. Afinal, acreditava que essa era a condição *sine qua non* para ser um líder melhor.

Assim, antes de tratar das questões específicas da gestão e liderança, nossas sessões foram um mergulho na alma daquele homem. Augusto se permitiu olhar para as vulnerabilidades e inquietações e superar preconceitos que estavam tão arraigados que ele nem percebia. Tudo porque queria melhorar como ser humano, o melhor que pudesse se tornar, pois sentia que a vida só valeria a pena se direcionasse toda a sua energia para esse propósito.

Tivemos uma primeira e longa reunião para definir quais seriam os objetivos que tinha. Estava tudo desenhado, com objetivos claros a respeito de seus papéis. Assim, apresentou-me o seu plano de voo:

- Ser o melhor marido que eu puder ser para Clara (com quem estava casado há cinco anos);

- Ser o melhor pai que eu puder ser para o Pedro (que, na ocasião, estava com dois anos de idade);

- Ser o melhor cidadão que eu puder, dando a minha parcela de contribuição para que o planeta seja melhor para o meu filho e meus netos;

- Ser o melhor gestor e líder para as pessoas e organizações por onde eu passar.

Pode parecer estranho que alguém com tanta clareza sobre o seu propósito de vida venha para o coaching sem apresentar problemas a serem resolvidos ou habilidades a serem desenvolvidas...

Ele simplesmente queria ser provocado para transcender os seus próprios conceitos e visão de como deveria agir para ser o melhor naqueles papéis. Foi uma longa jornada para definir o que significa "ser o melhor" e desconstruir crenças arraigadas que poderiam dificultar a realização dos seus objetivos.

A sua disposição era tamanha que se abria facilmente aos questionamentos e ressignificava seus conceitos e como iria fazer seus sonhos se realizarem. Assim, se agigantava a cada sessão.

O caminho – como sempre é devido – era trabalhar com seus pontos fortes, que, na verdade, eram muitos, e ajudá-lo a agir com consciência para realizar os seus objetivos.

Entretanto, nem tudo foi tão fácil para o Augusto. Lembro-me que tratar da questão de ser o melhor marido para Clara implicava não só as relações conjugais e afetivas do casal, mas toda a rede de relacionamentos que um casamento exige, tanto em termos dos familiares e amigos envolvidos como dos aspectos relativos à gestão da casa.

Foram quatro sessões impactantes e transformadoras, como ele mesmo disse. A vida conjugal exige muito em termos de diálogo, escuta, objetivos comuns e enfrentamentos com serenidade dos problemas que surgem até de onde menos se espera e reverbera na vida da família. É um ótimo laboratório de desenvolvimento das habilidades das inteligências emocional e espiritual tão importantes no dia a dia do gestor e líder de equipe.

Houve um episódio muito interessante quando ele quis tratar da educação do Pedro. Como todo pai – e nesse caso também de acordo com a mãe –, tudo já estava planejado para o menino. O caminho dele já estava traçado, incluindo os recursos financeiros que deveriam ser aplicados ao longo do tempo. O entusiasmo, responsabilidades e sentimentos de ser pai em alguns momentos pareciam confundir com o papel de gestor e líder.

Para ele, ser o melhor pai que pudesse ser também significava ter uma experiência diferente da que ele teve como filho.

Quando demonstrou hesitação sobre algumas atitudes que deveria adotar na educação do menino, pedi permissão para contar-lhe essa história:

Era uma vez um menino.

Ele era bastante pequeno e estudava numa grande escola. Mas, quando o menino descobriu que podia ir à escola e, caminhando, passar através da porta ficou feliz. E a escola não parecia mais tão grande quanto antes.

Certa manhã, quando o menininho estava na aula, a professora disse:

— Hoje faremos um desenho.

— Que bom! Pensou o menino. Ele gostava de fazer desenhos. Podia fazê-los de todos os tipos: leões, tigres, galinhas, vacas, barcos e trens. Pegou então sua caixa de lápis e começou a desenhar. Mas a professora disse:

— Esperem. Ainda não é hora de começar. E ele esperou até que todos estivessem prontos.

— Agora, disse a professora, desenharemos flores.

— Que bom! Pensou o menininho. Ele gostava de desenhar flores. E começou a desenhar flores com seus lápis cor-de-rosa, laranja e azul. Mas a professora disse:

— Esperem. Vou mostrar como fazer. E a flor era vermelha com o caule verde. Num outro dia, quando o menininho estava em aula ao ar livre, a professora disse:

— Hoje faremos alguma coisa com barro.

— Que bom! Pensou o menininho. Ele gostava de barro. Ele podia fazer todos os tipos de coisas com barro: elefantes, camundongos, carros e caminhões. Começou a juntar e a amassar a sua bola de barro. Mas a professora disse:

— Esperem. Não é hora de começar. E ele esperou até que todos estivessem prontos.

— Agora, disse a professora, faremos um prato.

— Que bom! Pensou o menininho. Ele gostava de fazer pratos de todas as formas e tamanhos. A professora disse:

— Esperem. Vou mostrar como se faz. E ela mostrou a todos como fazer um prato fundo. Assim, disse a professora, podem começar agora. O menininho olhou para o prato da professora. Então olhou para seu próprio prato. Ele gostava mais de seu prato do que do da professora. Mas não podia dizer isso. Amassou o seu barro numa grande bola novamente e fez um prato igual ao da professora. Era um prato fundo. E, muito cedo, o menininho aprendeu a esperar e a olhar, e a fazer as coisas exatamente como a professora fazia. E, muito cedo, ele não fazia mais as coisas por si mesmo.

Então aconteceu que o menino e sua família se mudaram para outra casa, em outra cidade, e o menininho teve que ir para outra escola. No primeiro dia, ele estava lá. A professora disse:

— Hoje faremos um desenho.

— Que bom! Pensou o menininho. E ele esperou que a professora dissesse o que fazer. Entretanto, a professora não disse. Ela apenas andava pela sala. Então, veio até ele e falou:

— Você não quer desenhar?

— Sim, disse o menininho. O que é que nós vamos fazer?

— Eu não sei até que você o faça, disse a professora.

— Como eu posso fazer? Perguntou o menininho.

— Da mesma maneira que você gostar. Respondeu a professora.

— De que cor? Perguntou o menininho.

— Se todos fizerem o mesmo desenho e usarem as mesmas cores, como eu posso saber quem fez o quê e qual o desenho de cada um?

— Eu não sei, disse o menininho. E ele começou a desenhar uma flor vermelha com caule verde.

Pullias, Earl V. e Young, James D. *A arte do magistério*. 3. ed. Rio de Janeiro: Zahar, 1976.

Quando concluí, seus olhos estavam marejados e me pediu o texto para levar para a esposa. Disse-me que muito precisaria ser revisto em tudo o que já haviam pensado: o modelo de educação, que tipo de escola, de que outras atividades o filho participaria. Por fim, chegou a dizer que, de repente, percebeu que algumas coisas que tinha pensado para o filho, na verdade, eram atividades que ele mesmo gostaria de ter feito quando criança.

— Não há mal nisso, em planejar, sonhar esse futuro do filho... – Disse eu. – No entanto, o que você considera mais importante?

Augusto respirou fundo e sorriu confiante:

— Importa educá-lo para que ele possa fazer as escolhas dele, e não apenas reproduzir flores vermelhas de caule verde.

A história mexeu muito com ele, porque se deu conta de que algumas vezes em sua vida ele também "desenhou flores vermelhas de caule verde". Isso também ocorria de muitos modos dentro da empresa.

Nós sofremos tantos condicionamentos na vida que se não desenvolvermos uma consciência crítica passaremos a nossa existência reproduzindo comportamentos sem sabermos o porquê. Por isso, o autoconhecimento é tão importante.

Ele sabia disso e, por isso, fez esse investimento para se tornar o melhor líder que podia ser. Antes de tratar da liderança quis refletir qual seria a melhor maneira de contribuir como cidadão para a sociedade e o planeta. Sua consciência a respeito dos graves problemas causados pela desigualdade e injustiça social, pelas diversas formas de discriminação presentes na sociedade e a destruição da natureza o incomodavam. O sentimento de desconforto era tão grande que ele sentia que se não fizesse algo de concreto para tornar o mundo melhor, a sua vida não teria sentido algum.

Assim, analisou várias possibilidades e, embora respeitasse as pessoas que fazem doações para instituições e ONGs que atuam nesses setores, Augusto achava que isso era muito pouco para ele. O seu desejo era se envolver mais para ser, de fato, um agente de transformação e um exemplo para o seu filho.

Fiquei realmente impressionado com o nível de sua consciência. Inclusive, demonstrei claramente minha admiração dizendo: "Quem dera se houvesse muito mais cidadãos e cidadãs pensando e agindo assim!"

Sua interpretação de que os graves problemas mundiais, como os efeitos das mudanças climáticas e a pandemia, são sinais que o planeta está mandando para que as pessoas tomem consciência e mudem de vida. É necessário assumir a responsabilidade e trabalhar para que a vida seja melhor para todos, e isso faz todo o sentido para mim. Por mais de uma vez ele repetiu ao longo da sessão como se fosse um mantra: "Quero ser parte da solução, e não do problema."

Ao final da sessão tomou a decisão de colocar-se como voluntário em uma organização que atua com educação para adolescentes e jovens em situação de risco. Seu objetivo é buscar soluções para a inserção deles no mercado de trabalho. Além disso, já estava mobilizando todos os colaboradores e lideranças da empresa para também se empenharem voluntária e institucionalmente em causas relacionadas ao cuidado ambiental, inclusão da diversidade e apoio a organizações humanitárias.

Já chegou para a sétima sessão, no modo remoto, com a energia habitual, e foi falando o objetivo que queria trabalhar. Eu já esperava que seria mais um grande momento de conexão com seus valores e ideais.

— Olá! Hoje, nós vamos tratar da liderança. Anteriormente, conversamos sobre muitos temas importantes da minha vida e quero avançar ainda mais sobre esse desafio que assumi.

— Ótimo! Então me diga: avançar em que direção? – quis saber.

— A minha relação com a minha equipe é bastante transparente e sempre dialogamos sobre todas as questões relacionadas aos nossos projetos. Discutimos objetivos estratégicos da nossa empresa, desenvolvimento da equipe e, obviamente, como me percebem como líder. Faço questão de saber deles, principalmente, o que acham que devo melhorar. A troca é sempre muito positiva e uma coisinha aqui e ali nós vamos ajeitando. Creio que por isso estamos caminhando muito bem e atingindo os resultados previstos. Entretanto...

Interrompeu a sua fala por um momento para atender uma chamada telefônica. Desligou o áudio e a câmera enquanto falava e, alguns instantes depois, voltou e se desculpou pela interrupção. Em seguida, me perguntou sobre o que estava falando.

— Falava sobre o seu relacionamento com a sua equipe. Entretanto... — disse eu.

— Ah! Sim... isso mesmo! Penso que faz parte do meu desafio influenciar também os meus pares e alinhar toda a liderança da empresa em torno do mesmo propósito.

— E é isso que você quer trabalhar hoje?

— Exatamente! Esse tema é crucial não só para mim e para os meus objetivos de vida, que já comentei com você anteriormente, é relevante para a empresa. Ela precisa também ser parte da solução, e não do problema, como costumo dizer.

— Sim, pelo que já conversamos, eu posso compreender o quanto é importante para você. Ficou claro para mim o que disse a respeito do desafio de influenciar os seus pares. No entanto, eu gostaria de entender o que você quer dizer exatamente com isso...

— Pois não! Penso que todos nós, líderes, temos uma responsabilidade pela cultura organizacional e pelo clima da empresa. Se não houver um alinhamento de todos em torno do mesmo propósito e da prática dos valores que nós aqui defendemos, os colaboradores vão perceber a nossa incoerência. Acho eu que até os clientes e fornecedores... É nesse sentido que digo que preciso influenciar e manter todo o corpo gerencial alinhado.

— Entendi. Então, que resultado você gostaria de obter na sessão de hoje?

— Para mim, o principal será encontrar um meio de engajar dois colegas do nosso time nessa mesma causa, porque os demais já posso, com toda certeza, contar com eles. Na verdade, já caminhamos nessa direção, mas aqueles dois precisamente, sinto que representam um desafio.

— Qual será o impacto para você e para a empresa quando você atingir esse objetivo?

— Eu não tenho dúvida de que na hora que conseguir o alinhamento de todas as lideranças, teremos um clima muito melhor, fruto da prática consistente dos nossos valores. E digo mais, vamos entrar na lista das empresas humanizadas desse país. É isso! Quero colocar a nossa empresa nessa lista e ser uma referência de humanização!

— Por onde você pensa que devemos começar a conversar para atingir o seu objetivo?

— Eu já venho pensando em algumas possibilidades. Então, acho que seria bom analisar se o que estou pensando é o melhor caminho e tomar uma decisão. Podem surgir outras ideias ao longo da nossa conversa.

— Ok. Então, quais são essas possibilidades?

— A alta direção da empresa está determinada a expandir para outros estados nos próximos cinco anos. Nossos quatro diretores, incluindo o presidente, já estão muito imbuídos do propósito de tornar a nossa marca respeitada e ser também uma referência em termos de gestão saudável e sustentável, adotando todos os princípios da ESG.

— Fale mais sobre isso.

— Ah sim! Cuidar do meio ambiente, ter responsabilidade social e práticas de governança que sejam sustentáveis. Sabemos que isso não é só questão de marketing, para trazer resultados financeiros e reputação, é para levar a sério a nossa responsabilidade de empresa cidadã e colaborar para construir um mundo mais justo e melhor para todos.

— O que é necessário para que isso se realize?

— Então... essa é a questão. Em nosso grupo de gestores, há dois que não demonstram nenhum comprometimento com essas grandes causas, defendidas não só por mim mas por toda a diretoria. Está certo que eles geram ótimos resultados para a empresa, mas em um sentido estreito. Até compreendo, mas se não mudarem, isso vai ser um obstáculo...

— Reparo que sua expressão mudou quando falou sobre eles. O que isso quer dizer?

— É mesmo? Deixei transparecer assim? Pois é, isso de fato me incomoda. Quando falei do alinhamento, estava pensando neles, em como fazer para engajá-los. Afinal, eles são bons no que fazem, mas se não se comprometerem, vai impactar negativamente, além de influenciar mal os que trabalham com eles. O que precisamos é justamente do contrário.

— Voltamos à questão anterior, Augusto. Quais são as possibilidades que você pensou para resolver essa questão?

— Verdade! A primeira já está encaminhada. A empresa vai contratar uma consultoria para nos ajudar em todos os aspectos da ESG. Porque se trata de promover uma mudança na cultura organizacional para que seja mais humana, participativa e ecossistêmica. Isso significa ir além das planilhas financeiras. E eu acho, você deve concordar comigo, que para trilhar esse caminho precisamos promover a expansão da consciência de todas as pessoas, especialmente das lideranças.

— E o que mais?

— Penso que só isso não é suficiente para sensibilizar aqueles dois. É muito importante que eles se sintam responsáveis não só pelos resultados financeiros e produtividade mas que sejam também responsáveis pelo bem-estar e felicidade de todos. Lembra? Queremos estar na lista das empresas humanizadas...

— Então, o que mais precisa acontecer?

— Pela minha experiência, acho que um processo de coaching para eles será fundamental.

— Entendo. Que resultados você acha que pode obter se a empresa propuser o coaching para eles?

— Primeiro de tudo, tomar consciência de que liderança não é apenas gestão, é principalmente interação com pessoas, é conseguir inspirar e mobilizar a todos para cumprirem o mesmo propósito. É claro que é necessário cumprir as metas, ter produtividade. Entretanto, sem a prática dos valores, na forma de tratar os colaboradores, no diálogo, feedback, celebrar as conquistas, enfim, sem tudo o que se refere ao relacionamento humano, que deve ser ainda mais aprofundado com a ESG, vai ser muito difícil.

— Novamente eu percebo uma mudança em você quando se refere a eles. Peço a sua permissão para te instigar a pensar em outra perspectiva. Pode ser?

— Claro que sim!

— É que me passou pela cabeça uma história de um casal que estava comemorando o final de ano em um restaurante. Enquanto faziam o balanço do ano que estava terminando, o marido reclamava das muitas coisas que não ocorreram como havia planejado. Ao mesmo tempo que falava, ele apontou para a árvore de Natal que enfeitava o local e mostrou que havia uma lâmpada queimada. Ao que a esposa retrucou: "Veja como você está agindo. Diante de centenas de lâmpadas acesas, você se fixou em uma que está queimada. Não está fazendo o mesmo com relação ao ano que está terminando?" Augusto, isso faz algum sentido para você?

Augusto escutou com atenção e, ao final, sorriu e agradeceu:

— Muito obrigado! Não estava me dando conta de que estava agindo assim!

— Então, o que precisa mudar em você para conseguir o que você deseja?

Pude perceber a sua reação pela tela do computador. Foi como se não esperasse aquela pergunta. Primeiro, ficou alguns segundos em silêncio. Em seguida, pediu licença para pegar água. Quando retornou, falou:

— Olha, por essa eu não esperava! Eu aqui fazendo todo o meu esforço para realizar as mudanças na empresa, falando que precisamos alinhar todos os gerentes e você me faz ver que com esse tipo de predisposição que estou tendo acho que não vou conseguir bons resultados...

— Então?

— Pois é... reconheço que preciso olhar para mim mesmo antes de fazer algo com eles. Prometo que vou refletir muito a respeito. Preciso valorizar o que eles têm realizado! E quanto à minha ideia do coaching para eles, diante disso, acho que pode não ser válido.

Então, consultei se já poderíamos encaminhar para o fim da sessão.

— Ainda faltam alguns minutos para concluirmos a nossa sessão. Como você gostaria de aproveitar esse tempinho?

— Talvez algo mais que me ajude a entender como superar a minha resistência a eles.

— Na sessão passada, você falou a respeito de ser um cidadão melhor, quando me disse que queria fazer muito mais do que contribuir financeiramente com alguma instituição. O seu anseio por tornar o mundo mais justo e humano te levou a assumir outro tipo de compromisso, não foi?

— Exato!

— Como essa sua atitude, tão bonita, pode te ajudar a superar essa resistência?

— Você foi fundo, hein?!

Depois de alguns instantes em silêncio, voltou a dizer:

— É aqui que tenho que começar a fazer com que o mundo seja melhor, preciso rever minha abertura para com eles, ter uma maior proximidade. Enfim, mudar a minha atitude.

— Quem vai ser você, quando superar essa resistência aos seus dois pares?

— Acho que vou ser também uma referência para eles. Afinal, no processo de coaching de grupo teremos a oportunidade de nos aproximarmos mais, de dialogarmos e nos conhecermos melhor. Com certeza é esse o caminho!

— O que você descobriu sobre você nessa sessão que ainda não tinha se dado conta?

— Primeiro de tudo que tenho que olhar para mim. Eu estava muito focado em querer mudar o comportamento dos meus pares e percebi que preciso rever minha atitude.

— Que bom! O que você vai fazer com isso?

— Nós vamos continuar conversando... Bem, eu vou dar prosseguimento, levar adiante a realização do coaching de grupo com os líderes da empresa.

— Como gostaria de encerrar?

— Ah! Só agradecer, foi incrível! Era para conseguir um meio de engajar dois gestores e estou levando muito mais que isso. Levo comigo hoje mais consciência a respeito de mim mesmo, do meu olhar e minha atitude. Uau! Quanta mudança em uma sessão de coaching!

## Reflexões de Dulce Soares

*Quero ser parte da solução, e não do problema.*

**Augusto, cliente de Robson,
na sétima sessão de coaching**

Ah! As histórias nos ajudam tanto a olhar para dentro de nós! Só neste caso de Augusto conhecemos duas. A primeira foi a história da escola grande que mantinha uma educação reprodutora com seus alunos; a segunda, a da árvore de Natal que tinha centenas de lâmpadas acesas, mas, por algum motivo, algumas pessoas só conseguiam olhar para a única lâmpada queimada.

Vimos um líder que investe no processo de coaching não só para desenvolver suas oportunidades imediatas de melhoria, mas para aperfeiçoar sua gestão e ampliar sua contribuição com a organização e a sociedade. Temos então um cliente que contrata coaching porque o percebe como um processo de boas perguntas que promoverão nele boas reflexões. No caso de Augusto, como Robson nos relata: "Ele respondeu com segurança que o seu principal objetivo era aproveitar os diálogos para aprender ainda mais sobre si e como poderia ser uma pessoa melhor. Afinal, acreditava que essa era a condição *sine qua non* para ser um líder melhor."

Ao ler Augusto, ativei meu lado educadora existencial humanista e o que podemos fazer enquanto agentes transformadores da sociedade. Então, fiquei pensando: O que o mundo significa para você? Quantas vezes você pensa nas coisas que acontecem dentro e fora do seu mundo interno? Quantas vezes você pensa nas coisas que acontecem fora da sua cidade, do seu estado ou do seu país? Você se considera um pensador global? Se pensarmos agora de forma inversa, todos nós, o que mundo espera de cada um de nós?

O cliente de Robson sabe o que espera de si mesmo, quer ser voluntário em uma organização que atua com educação para adolescentes e jovens em situação de risco. Além disso, quer buscar soluções para a inserção deles no mercado de trabalho. Augusto também deseja ser motor de inspiração para todos os colaboradores e lideranças da empresa. Assim, todos se empenharão voluntária e institucionalmente em causas relacionadas ao cuidado ambiental, inclusão da diversidade e apoio a organizações humanitárias.

Será que esse não seria um exemplo daquilo que o mundo espera de nós? Dar um passo à frente e comprometer-se com o *Grande Outro*, mas como?

Vimos que Augusto descobriu essas respostas. Para ele, esse comprometimento ocorrerá via autoconhecimento, despertado pela metodologia do coaching. Ele já entendeu que um líder é alguém que está alinhado à criação, a sua inspiração como um motor que permite avançar criando cada vez mais. Por isso, detém-se nas primeiras quatro sessões em temas ligados a algumas áreas da sua roda da vida. Nesse primeiro momento, são abordadas questões de relacionamento íntimo, familiar, social até chegar na dimensão profissional, cujo grande tema é a liderança.

É aqui que a sessão começa a ficar mais saborosa, no sentido do saber com sabor. Nosso jovem de 36 anos identifica, por meio das boas perguntas de Robson, novas matrizes de pensamento; como irá interagir com o mundo.

A questão da sétima sessão girou em torno do relacionamento com a sua equipe. No entanto, o objetivo que "roubou a cena" do Acordo de Coaching foi ampliar e "esticar" este relacionamento aos seus pares, principalmente dois colegas que não estavam engajados na mesma causa.

Eu, Dulce, fiquei pensando com meus botões: mas como fazer o outro querer? Voltei para a pergunta que Robson fez para Augusto: "Então, o que mais precisa acontecer?"

Para o jovem, o coaching de grupo para líderes e gerentes pode ser a solução, mas da perspectiva de quem?

Foi justamente neste processo de boas perguntas, abertas e imparciais, feitas por Robson que Augusto pôde perceber que não podemos mudar o *Grande Outro*. Podemos mudar a nós mesmos e sabemos que não é nada fácil.

*Escutar* e *Perguntar* são verbos essenciais no coaching, mas há outros também valiosos. Por exemplo, *observar* o corpo para identificar a comunicação não verbal que, às vezes, ele emana;

*reter* as palavras ditas pelo cliente exatamente como foram ditas, registrar tudo na memória, ou em um diário de bordo feito pelo coach com as anotações das sessões...

Há um momento muito valioso de Robson com Augusto que eu gostaria de chamar a atenção. Quando informa que há ainda alguns minutos para a sessão terminar, Robson sinaliza que há um tempinho e pergunta ao Augusto como ele gostaria de aproveitar. O rapaz responde dizendo que gostaria de entender como superar a sua resistência aos dois colegas não engajados. Robson faz uma sumarização resgatando a sessão anterior. O cliente confirma o resumo e seu coach intervém após uma declaração feita pelo próprio Augusto. A fala dele ficou na memória de Robson e foi acionada naquele momento, demonstrando para todos nós que a escuta nos processos de coaching pode e deve ser continuada. Assim, perpassando sessões anteriores, pergunta: "Como essa atitude tão bonita pode te ajudar a superar essa resistência?"

A resposta do jovem executivo de Recursos Humanos foi linda, e sabe por quê? Porque Augusto entendeu de novo que, para contribuir com o mundo externo, é preciso mudar primeiro o mundo interno.

Voltando então à pergunta de um milhão de euros: o que o mundo espera de nós? Talvez nada, mas para uma existencial humanista de carteirinha como eu, te respondo que o mundo espera que você dê um passo à frente e procure ver a realidade, a interna e a externa. E, então, pergunte a si mesmo: O que está acontecendo? Reconheça a realidade e assuma decisões: se tem de ser, tenho de ser eu a fazê-lo. Encontre a solução e pergunte para si: o que eu posso fazer? Enfrente o assunto. Ok, vamos a isso!

Esse é o ciclo da Responsabilização. Você não veio a este mundo à toa. Nesta sua passagem, você pode deixar um significado, por você e pelo *Grande Outro*. Então, deixe seu aroma, sua marca e faça todos os desenhos que desejar: leões, tigres, galinhas, vacas, barcos, trens, flores vermelhas, amarelas, azuis, de caule verde, de outras cores. Mexa com barro, faça pratos... o que quiser! Agora... Você me permite fazer uma recomendação? Resista fortemente quando alguém tentar impedir você de *Ser o seu próprio Eu*. Sabe por quê?

**Porque o Eu somos Nós!**

# Provocações finais de Robson Santarém

Prezado(a) leitor(a),

Ao longo dessas páginas, você teve contato com algumas histórias que podem ter alguma ressonância com as suas experiências, dilemas e desafios que tem enfrentado. Além disso, saboreou as reflexões da Dulce Soares sobre as Competências Essenciais. Essas reflexões não se destinam só aos coaches, mas a todo líder e educador que deseja se desenvolver para realizar bem a sua missão. Ou, melhor ainda, destina-se a todo ser humano que se dispõe a criar bons relacionamentos e colaborar para que o mundo seja melhor para todas as pessoas.

Então, para concluir, compartilho mais uma história e te convido a refletir:

> Era uma vez um lavrador. Trabalhava arduamente. Certo dia, o sol estava a pino, ele parou o arado à sombra de uma árvore. Olhou o céu, o horizonte. Fechou os olhos, e com o queixo apoiado nas mãos pensava na vida. As coisas estavam ficando difíceis! Deu um longo suspiro e foi soltando o ar lentamente, em longa baforada – assim mandaria para o espaço a depressão que teimava penetrar-lhe na alma. Foi então que viu aproximar-se uma velhinha. Os anos curvavam-lhe as costas, o andar era difícil. Olhando olho no olho aquele jovem lavrador, ela disse:
> 
> — Boa tarde, jovem, ouça o meu conselho.
> 
> — Conselho? E sem saber o porquê acrescentou: Estou desnorteado...
> 
> — Abandone o serviço e caminhe dois dias, em linha reta. No final do segundo dia você estará no meio de uma floresta. Corte a mais alta árvore e encontrará sua fortuna.

Após dizer estas palavras, a velha continuou o seu caminho, deixando o lavrador boquiaberto. Aturdido com o conselho, voltou para casa, desatrelou o animal, conversou com a esposa, que aprovou a sua decisão de seguir o conselho da velha. Despedindo-se, pegou o machado e pôs-se a caminho.

No final do segundo dia encontrou a árvore. Com várias machadadas a derrubou. Do galho mais alto caiu um ninho com dois ovos. Eles se quebraram. De um deles saiu um filhote de águia e do outro rolou um anel de ouro.

O filhote foi crescendo, crescendo, até ficar adulto, e antes de alçar vôo para o infinito, disse:

— Obrigada por libertar-me. Fique com o anel mágico. Se desejar muito alguma coisa, gire-o no dedo. Preste atenção: você tem direito a um pedido, somente um pedido.

De posse do anel, o lavrador começou a viagem de volta. Anoitecia quando chegou a uma cidade. Encontrou um ourives parado à porta da loja. Pediu-lhe que avaliasse o anel.

Examinando a jóia, o ourives disse sorrindo:

— Não vale quase nada.

— Errou, senhor ourives — disse o lavrador, dando sonora gargalhada. — Esta jóia vale mais do que sua loja! Este anel é mágico e vai me dar o que eu quiser.

Ofendido, o ourives pediu para ver novamente o anel e devolveu-o dizendo:

— Pode até ser, mas não me interessa. E continuou: Vejo que você está longe de casa e tem muito chão a percorrer. Convido-o a pousar em minha casa esta noite.

O lavrador aceitou a oferta. Após o jantar, exausto como estava, não tardou a pegar num sono profundo. O ourives aproveitando a ocasião, sorrateiramente trocou o anel por outro igualzinho.

Na manhã seguinte, o lavrador, sem desconfiar do roubo, agradeceu a hospitalidade e seguiu viagem.

O ourives, tendo se certificado de que seu hóspede já estava longe, fechou as janelas e a porta da loja. Sozinho em seu escritório, olhou o anel com cobiça e fez o pedido que lhe queimava os lábios e o coração:

— Quero cem mil moedas de ouro!

Mal dissera a última palavra e as moedas caíram como chuva. E eram tantas que o soterraram.

Os vizinhos, vendo que a loja estava fechada pressentiram que algo de anormal acontecera e arrombaram a porta. Sob a montanha de ouro jazia o corpo do ourives.

Enquanto isso, o lavrador chega feliz em casa. Radiante conta à mulher a história do anel e juntos pensam no único pedido a que têm direito. O que pedir? São tantos os desejos! Tantas as necessidades! Prudentes, eles não se deixam dominar pela cobiça.

— Olhe, mulher, vamos aguardar o pedido. Se, durante um ano, trabalharmos com afinco, poderemos aumentar nossa propriedade. Assim disseram, assim fizeram.

E durante aquele ano, e nos muitos outros que se seguiram, trabalharam muito e, nos momentos de dificuldade, se abraçavam, olhavam carinhosamente para o anel, pensavam que poderiam vencer a dificuldade apresentada sem ter de fazer o pedido.

— Vamos guardar o pedido para uma emergência — diziam, prudentes, e se sentiam fortalecidos.

— Foram recompensados. Prosperaram e eram felizes.

O lavrador morreu, já bem velho, logo depois de ter ficado viúvo.

Antes do enterro, o filho caçula quis ficar com a jóia que o pai usava, há mais de quarenta anos no mesmo dedo. O irmão mais velho ponderou:

— Não! Vamos enterrar o nosso pai com anel em seu dedo, onde sempre esteve. Quantas vezes surpreendemos os dois olhando carinhosamente este anel? Com certeza, eles tinham um segredo!...

E assim, o velho foi enterrado com o anel que julgava mágico, sem nunca, ele e a mulher terem feito o pedido.

Nós sabemos a verdade. E sabemos também que aquele casal teve a fortuna e a felicidade que nenhum poder mágico teria capacidade de realizar.

(Bennett, William J. *Livro das Virtudes II*. Rio de Janeiro: Nova Fronteira, 1996)

Certamente essa história dá margem para inúmeras interpretações e você pode ter seus insights. No entanto, eu decidi compartilhá-la para enfatizar que coaching não é um anel mágico. Ao contrário do que muitos dizem, exige que a pessoa saiba com clareza o que quer, precisa de determinação e trabalhar com afinco para superar as dificuldades e alcançar o seu objetivo. E, se tem um segredo que eu posso contar é que olhar para o anel nos lembra que cada um tem dentro de si a força e todos os recursos necessários para realizar o que pretende, no contexto de sua história.

Assim, faço as seguintes provocações para você:

- O que você aprendeu sobre você ao refletir sobre as experiências desses personagens?

- Que mudanças esse aprendizado provocou ou pode provocar em sua vida?

- O que ainda te falta para ser a melhor pessoa e profissional que você pode ser?

- Como as competências de coaching, tão bem analisadas por Dulce Soares, te ajudam a ser uma pessoa e um profissional melhor?

- De que modo você pode ser um agente de transformação e ajudar outras pessoas a também expandirem a consciência?

## Reflexões finais de Dulce Soares

Prezado(a) leitor(a),

Agradeço de coração por ter caminhado conosco ao longo dessas páginas. Transitamos por oito estudos de caso muito interessantes. Robson ofertou realidades bem diferentes e muito presentes em nossa prática profissional, quer estejamos no papel de educador, de líder, de coach, de mentor ou de supervisor.

Conhecemos clientes como Renato, que teve a oportunidade de ter seu processo de coaching patrocinado pela empresa. Sabemos que é um grande privilégio receber tal presente. Com Helena, pudemos ver o quanto precisamos estar preparados para atender o Grande Outro, pois as ansiedades, transferências e contratransferências podem emergir no coach de repente.

Com César, aprendemos também sobre o fenômeno da resistência e o processo transferencial. Constatamos o quanto é grande o impacto do cliente no coach, mas lembre-se: o impacto do coach no cliente também é enorme. Somos todos um estrangeiro no mundo interno do Grande Outro.

André trouxe para nós a aprendizagem sobre a arte de liderar. A tarefa de liderar líderes é algo mais elaborado, são passagens, ritos que atravessamos conforme amadurecemos profissionalmente.

Um outro caso instigante foi do nosso menino prodígio, um Hi-Po cujo nome é Arthur. Ou seria Tomé? Clientes assim nos ajudam a perceber se estamos com todas as informações técnicas bem na ponta da língua. Afinal, eles são quase uma "banca" na nossa vida profissional. E quer saber? Ainda bem...

De Arthur, partimos para a primeira agência institucional da sociedade: a família. O caso de Fátima, herdeira de uma empresa familiar que busca com afinco diferenciar-se de seu pai para demarcar o lugar do seu Eu, ilustrou bem essa temática.

Aterrissamos em Ana Cláudia, um exemplo de um Eu *accountable*. Ana é uma mulher negra de 44 anos que, ao longo de uma sessão de coaching, descobriu o que de fato desejava fazer e fez. Tomou uma decisão corajosa alinhada aos seus valores e soltou todas as correntes. Que orgulho dessa mulher!

Ah! O Augusto e sua flor vermelha de caule verde com sua árvore de Natal com centenas de lâmpadas acesas e só uma queimada...

Este rapaz nos ensina que não devemos só olhar para aquilo que falta em nós e no *Grande Outro*, é preciso olhar também o que fizemos e o quanto fizemos bem.

No mais, eu só quero agradecer, porque este livro para mim é uma viagem na morada do Ser, Sendo na Vida!

Com amor,

DULCE SOARES

# POSFÁCIO

Primeiro, quero expressar minha gratidão. Recebi, com muita honra, o convite para ler a obra de vocês. Além disso, foi um privilégio assinar esse texto.

Foi uma delícia ir de uma sessão para outra, com a riqueza dos aprendizados de cada Ser Humano envolvido. Mergulhei nos desafios do coach Robson, que é profundamente comprometido com seu Propósito de Alma. No exercício profissional, ele busca a verdadeira conexão e dar o apoio a cada Ser Humano que busca no Coaching as respostas para a superação de obstáculos aparentemente relacionados com problemas de desempenho profissional. O livro mostra o enfrentamento de fragilidades, dos medos, da dificuldade de se comunicar e interagir com o outro, e principalmente, de assumir a verdadeira autoria e responsabilidade por tudo que nos acontece na Vida.

Aplaudi o zelo da Dulce, o profundo cuidado e respeito com o papel do coach, que se desvela em cada sessão. Você expande e enriquece os diferentes papéis (coach, supervisora, mentora, educadora existencial e filósofa). Você contribuiu para trazer à tona o que há por trás de cada movimento em cada sessão específica, reforçando a confiança no método e a segurança dos protocolos da ICF, carinhosamente denominado de GPS Existencial.

Os profissionais que atuam nessa área, com certeza, vão lhe agradecer por tamanha generosidade e acuidade. Sem falar nos insights e descobertas, ao ajudar a ver além do aparente, em cada caso e para cada Ser Humano que permite mostrar-se, seja como cliente ou como coach.

Em resumo, a leitura alcançou níveis profundos do meu Ser. Por empatia, senti na pele todos os sentimentos e pensamentos de todos, em cada linha e em cada página. Não vi o tempo passar e li duas vezes, para concluir que somos espelhos um do outro. E fica a beleza que é possível, viável e aplicável, a descoberta de caminhos, ferramentas e instrumentos para que possamos acessar as portas fechadas do nosso mundo interno. E, assim, descobrir que temos muitas potencialidades como Ser Humano e que precisamos nos permitir trazê-las para esta realidade concreta, 3D. A leitura deste livro ajudou-me a fazer uma retrospectiva das minhas experiências como Líder e estimulou-me à Transformação.

Estou em uma jornada de autoconhecimento, nas profundezas da vida Espiritual, buscando a conexão com o Eu Superior, para trazer para as atitudes e comportamentos da personalidade Eliane novas realizações e novos desafios que justifiquem e dignifiquem a minha Existência e de toda a Humanidade.

Se a intenção era essa, vocês conseguiram! Parabéns, Sucesso e Prosperidade. Que a publicação da obra alcance os Seres Humanos receptivos à Transformação e que seja um tijolinho na construção da Nova Humanidade. Tenho a certeza de que fazemos parte de um grupo que constrói essa nova realidade. Por este motivo, conte sempre comigo. Os fios invisíveis nos unirão.

ELIANE CHAVES

# DEPOIMENTOS

*Coaching de liderança: provocações & reflexões* é um tesouro escrito a quatro mãos ou, como a autora gosta da metáfora dos fios, um lindo e ao mesmo tempo robusto tecido produzido a quatro mãos.

A riqueza de detalhes dos casos relatados, das intervenções de coaching, mentoria e supervisão é didaticamente apresentada, inclusive com referências técnicas e bibliográficas. Ao mesmo tempo, é escrito como se estivéssemos em um bate-papo no qual Dulce e Robson compartilham generosamente conosco, seus leitores, as provocações, reflexões e aprendizados que conquistaram.

Esse livro vai ajudar o coach ou líder coach que abraçou a vocação de servir ao desenvolvimento do outro, a compreender o quanto ele próprio, ao ser sujeito de práticas de desenvolvimento de processos de coaching, mentoria e supervisão, pode evoluir profissional, pessoal e espiritualmente.

GILDA GOLDENBERG
*Coach, mentora, supervisora e escritora*

O livro de Robson e Dulce é uma verdadeira "inovação metodológica". Integra a arte com a técnica, juntando de forma fluida histórias com análises precisas. As provocações nos conectam com o coração, enquanto as reflexões com a razão. Receita infalível para fisgar nossa atenção. Robson e Dulce fizeram isso com maestria. Um livro que nos convida a descer duas ou três camadas na investigação de si mesmo e do aprender a ser um coach... tarefa sempre inacabada. Prepare-se para mergulhar! Este livro é uma leitura obrigatória para aqueles realmente comprometidos com um serviço genuíno aos outros.

CARLOS LEGAL
*Um eterno aprendiz*

Se a finalidade era provocar e gerar reflexão, Robson Santarém e Dulce Soares alcançaram seu objetivo, com louvor, ao dar à luz ao livro *Coaching de Liderança – Provocações e Reflexões.* Os mestres-autores nos apresentam em sua obra um conjunto de sessões de coaching que esbanja maestria e sensibilidade. Por si só, isso já seria uma entrega de grande valor. Mas, generosamente, eles escolhem ir além e compartilham com seu público a "Visão Super", nos ajudando a navegar por cada caso e a explorar seus melhores comentários com o mapa das oito competências da ICF na mão. O resultado dessa articulação sublime é um tesouro de conhecimento! Recomendo vivamente a sua leitura, a meu ver indispensável para coaches e profissionais que aspirem contribuir com o desenvolvimento de pessoas.

FERNANDA LOUREIRO
*Estrategista situacional / Membro do ICF Brasil*

Encontrar três práticas – coaching, mentoring e supervisão – em um único livro, escritas na primeira pessoa, em um discurso direto, fluido e expectante para o leitor, leva-nos, aos profissionais "de pessoas", a entrar facilmente no enredo. Porque tudo ressoa "cá dentro", mesmo que as perguntas refletivas nos provoquem silêncio, quando a resposta não surge de imediato.

CRISTINA TOMÉ
*Coach do ICF Portugal*


Os diálogos propostos por Dulce e Robson são verdadeiros bálsamos de reflexão para a liderança. É um passeio irresistivelmente interessante para o mundo corporativo.

SOLANGE SANTANA
*Gerente de Gente e Gestão*


Dulce e Robson, o trabalho de vocês é uma alquimia de ingredientes que me encantam: dedicatória para crianças olhando para o futuro, a pegada do amanhã; história com começo, meio e fim. Final feliz do ponto de vista do humano, do carinho e do respeito pelo outro. Como diz Maturana, amar é aceitar o outro como legítimo outro. Taí a legitimidade, eu senti a legitimidade exalando em cada linha do texto de vocês. E continuando com os ingredientes: referenciais, mapas, cartografias, molduras para analisar cada *case*, sem que a gente se perca no emaranhado das relações humanas. Me emocionou a sintonia e o cuidado que cada um de vocês tem pelo outro, pelo trabalho do outro: Provocações do Robson e Reflexões da Dulce! E estórias temperando as conversas. Não dá para parar de ler!

MARIA EUGÊNIA B. COSTA
*Coach, professora e aprendiz*

Uma delícia de leitura! Obra-prima já desde seu prefácio. Imaginei perfeitamente cada detalhe transcrito das sessões, me sentia no campo do atendimento. Vibrei com os insights dos clientes, admirei suas sábias perguntas, Robson. No tempo certeiro, seu pleno estado de presença para perceber cada movimento, cada suspiro ou tom de voz diferente do cliente. Eu me sentia instigada a seguir desvelando cada uma das histórias com você... Este livro é daqueles gostosos de devorar em poucos dias. Que bacana ficou o formato com as reflexões da Dulce após as histórias... Belíssima obra, um legado para o coaching em nosso país. Este livro me parece uma inspiração para muitos coaches na busca pelo credenciamento (auxilia de forma precisa). Além disso, é um convite ao encorajamento, para muitos líderes quebrarem preconceitos em torno do coaching e sentirem o poder e impacto para transformação que este espaço traz.

Admiração, meu amigo! Parabéns, vocês obraram juntos de modo admirável. Obrigada por conseguirem colocar aqui em palavras um pouquinho da beleza e da profundidade que os trabalhos de coaching podem oferecer quando conduzidos por profissionais preparados e experientes com a jornada.

CHRIS MELCHÍADES
*Conselheira consultiva e coach executiva*

Esta obra do Robson e da Dulce é um verdadeiro "toc, toc" na porta do coração do leitor, encorajando-o a ver-se e a encontrar-se nos diversos personagens – quem ocupa a função de executivo, de líder de equipes, de coach profissional, de mentor e de supervisor. É um convite ao autoconhecimento, um mergulho nas profundezas do Ser Humano que quer crescer conscientemente e buscar conexões efetivas com o Grande Outro. Abra sua porta e se delicie com um belo encontro.

ELIANE CHAVES

Tive a feliz oportunidade de conhecer o Robson com seu clássico chapéu no ano de 2021. Foi um movimento de aprender o que significava gerir pessoas e como fazê-lo de modo mais efetivo. Com suas habilidades, perguntas reflexivas e debate profundo, ele promoveu um avanço significativo em nosso objetivo de humanizar as relações profissionais e inserir corações no ultrapassado termo recursos humanos. A atuação de Robson auxiliou a empresa a atingir grandes metas. No livro *Coaching de liderança*, ele nos conta o segredo de sua atuação de sucesso e como você também pode alcançá-lo. Por isso, é leitura obrigatória para as empresas que têm propósitos nobres e ambiciosos e desejam se aventurar verdadeiramente na essência do ser humano. Ninguém melhor que o professor Robson para guiá-los nesse percurso.

BRUNO MURTA
*Presidente da MP Construtora e Incorporadora*

As sociedades e organizações atuais carecem de lideranças inspiradoras, humanas, focadas, disruptivas e que gerem resultados tanto para o capital como para as pessoas que dedicam seu maior bem: tempo de vida. Esta obra, fruto de uma parceria mágica, nos cativa, por se basear na realidade, trazendo à tona as dúvidas e angústias mais comuns de quem quer realmente tornar-se um líder bem-sucedido. Leia e descubra como a obra *Coaching de liderança*, para além da performance, com foco no ser humano, pode auxiliar nas transformações pessoal e profissional de líderes dos mais diversos setores.

LUCIANO LANNES
*Instigador de reflexões, facilitador de aprendizagem*
*organizacional, palestrante, coach executivo, escritor*
*e editor da revista Coaching Brasil*

# ANEXOS

## ANEXO I

## Competências nucleares de coaching

### A. FUNDAMENTOS

**1. Demonstra a prática ética**

Definição: Compreende e aplica de forma consistente a ética e os padrões de coaching.

- Demonstra integridade pessoal e honestidade nas interações com clientes, patrocinadores e partes interessadas relevantes
- É sensível à identidade, ambiente, experiências, valores e crenças dos clientes
- Usa linguagem apropriada e respeitosa com clientes, patrocinadores e partes interessadas relevantes
- Obedece ao Código de Ética e defende os Valores Fundamentais da ICF

- Mantém a confidencialidade das informações do cliente segundo contratos com as partes interessadas e as leis pertinentes

- Compreende e respeita as distinções entre coaching, consultoria, psicoterapia e outras profissões de apoio

- Encaminha os clientes a outros profissionais de apoio, conforme apropriado

## 2. Incorpora a mentalidade de coaching

Definição: Desenvolve e mantém uma mentalidade aberta, curiosa, flexível e focada no cliente.

- Reconhece que os clientes são responsáveis por suas próprias escolhas

- Envolve-se em aprendizado e desenvolvimento contínuos como coach

- Desenvolve uma prática reflexiva contínua para aprimorar a própria prática de coaching

- Permanece consciente e aberto à influência do contexto e da cultura sobre si mesmo e nos outros

- Usa o auto-conhecimento e a própria intuição em benefício dos clientes

- Desenvolve e mantém a capacidade de administrar as próprias emoções

- Prepara-se mental e emocionalmente para as sessões

- Procura ajuda externa quando necessário

## B. COCRIAÇÃO DO RELACIONAMENTO

### 3. Estabelece e mantém acordos

Definição: Estabelece parceria com o cliente e as partes interessadas relevantes para criar acordos claros sobre relacionamento, processo, planos e metas de coaching. Estabelece acordos para o processo geral de coaching, bem como para cada sessão de coaching.

- Explica o que é e não é o coaching e descreve o processo para o cliente e as partes interessadas relevantes

- Chega a um acordo sobre o que é e o que não é apropriado no relacionamento, o que é e o que não está sendo oferecido e as responsabilidades do cliente e das partes interessadas relevantes

- Chega a um acordo sobre as diretrizes e parâmetros específicos do relacionamento de coaching, como logística, honorários, programação, duração, rescisão, confidencialidade e inclusão de outros

- Em parceria com cliente e partes interessadas relevantes estabelece um plano geral de coaching e metas.

- Estabelece parceria com o cliente para determinar a compatibilidade entre coach e cliente

- Estabelece parceria com o cliente para identificar ou reconfirmar o que o cliente deseja realizar na sessão

- Estabelece parceria com o cliente para definição do que o cliente acredita que precisa abordar ou resolver para alcançar o que deseja realizar na sessão

- Estabelece parceria com o cliente para definir ou reconfirmar medidas de sucesso para o que o cliente deseja realizar no contrato de coaching, ou na sessão

- Estabelece parceria com o cliente na gestão do tempo e foco da sessão

- Continua o coaching na direção do resultado desejado pelo cliente, a menos que este indique outra direção

- Estabelece parceria com o cliente para encerrar o relacionamento de coaching de uma maneira que honre a experiência

## 4. Cultiva confiança e segurança

Definição: Estabelece parceria com o cliente para criar um ambiente seguro e de apoio que permita ao cliente compartilhar o que sente, pensa e faz livremente. Mantém um relacionamento de respeito e confiança mútuos.

- Procura entender o cliente em seu contexto, o que pode incluir sua identidade, ambiente, experiências, valores e crenças

- Demonstra respeito pela identidade, percepções, estilo e linguagem do cliente e adapta o seu estilo e método de coaching ao cliente

- Reconhece e respeita os talentos, as percepções e o trabalho únicos do cliente no processo de coaching

- Mostra apoio, empatia e interesse pelo cliente

- Reconhece e apoia a expressão de sentimentos, percepções, preocupações, crenças e ideias do cliente

- Demonstra abertura e transparência como uma maneira de demonstrar vulnerabilidade e criar confiança junto ao cliente

## 5. Mantém presença

Definição: Está plenamente consciente e presente com o cliente, empregando um estilo franco, flexível, equilibrado e confiante.

- Permanece focado, atento, empático, receptivo e responsivo ao cliente
- Demonstra curiosidade durante o processo de coaching
- Gerencia as próprias emoções para permanecer presente com o cliente
- Demonstra confiança em trabalhar com emoções fortes do cliente durante o processo de coaching
- Fica à vontade em trabalhar em um espaço de não saber
- Cria ou permite espaço para silêncio, pausa ou reflexão

## C. COMUNICAÇÃO EFICAZ

## 6. Escuta ativa

Definição: Concentra-se no que o cliente está e não está dizendo para entender plenamente o que está sendo comunicado, no contexto e sistemas do cliente e para apoiar a auto expressão do cliente.

- Considera contexto, identidade, ambiente, experiências, valores e crenças do cliente para aprimorar a compreensão do que o cliente está comunicando
- Reflete, parafraseia ou resume o que o cliente comunicou para assegurar clareza e compreensão
- Reconhece e indaga quando houver mais por trás do que o cliente está comunicando

- Nota, reconhece e explora as emoções, mudanças de energia, pistas não verbais ou outros comportamentos do cliente

- Entende o significado do que está sendo comunicado, integrando palavras, tom de voz e linguagem corporal do cliente

- Observa tendências nos comportamentos e emoções do cliente ao longo das sessões para discernir temas e padrões

## 7. Evoca conscientização

Definição: Facilita descobertas e aprendizados do cliente usando ferramentas e técnicas como questionamento poderoso, silêncio, metáfora e analogia.

- Considera a experiência do cliente para decisão de ferramentas e técnicas que podem ser mais úteis.

- Desafia o cliente como uma maneira de provocar conscientização ou descobertas

- Faz perguntas sobre o cliente, sobre sua maneira de pensar, valores, necessidades, anseios e crenças

- Faz perguntas que ajudam o cliente a explorar além do pensamento atual

- Convida o cliente a compartilhar mais sobre sua experiência no momento

- Percebe e compartilha o que está funcionando para aprimorar o progresso do cliente

- Ajusta a abordagem de coaching em resposta às necessidades do cliente

- Ajuda o cliente a identificar fatores que influenciam os padrões atuais e futuros de comportamento, pensamento ou emoção

- Convida o cliente a gerar ideias sobre como pode avançar e o que está disposto ou é capaz de fazer

- Apoia o cliente na reformulação de seus pontos de vista.

- Sem apego, compartilha observações, ideias e sentimentos, que têm o potencial de criar novos aprendizados para o cliente

## D. CULTIVO DO APRENDIZADO E CRESCIMENTO

### 8. Facilita o crescimento do cliente

Definição: Estabelece parceria com o cliente para transformar aprendizado e descobertas em ação. Promove a autonomia do cliente no processo de coaching.

- Trabalha com o cliente para integrar nova conscientização, percepção ou aprendizado em sua visão de mundo e comportamentos

- Estabelece parceria com o cliente para projetar metas, ações e medidas de responsabilização que integram e expandem novos aprendizados

- Reconhece e apoia a autonomia do cliente na concepção de metas, ações e métodos de responsabilização

- Apoia o cliente na identificação de potenciais resultados ou aprendizados resultantes das ações identificadas

- Convida o cliente a considerar como avançar, incluindo recursos, apoio e possíveis barreiras

- Estabelece parceria com o cliente para resumir aprendizado e descobertas durante ou entre as sessões

- Celebra o progresso e os sucessos do cliente

- Estabelece parceria com o cliente para fechar a sessão

*The ICF Core Competencies (2019) are used with permission from the International Coaching Federation (ICF). The ICF Core Competencies in English and Portuguese can be accessed at https://coachingfederation.org/credentials-and-standards/core-competencies.*

# ANEXO II

## Código de ética

O Código de Ética da ICF é composto de 5 Partes Principais.

1. INTRODUÇÃO
2. DEFINIÇÕES PRINCIPAIS
3. VALORES FUNDAMENTAIS E PRINCÍPIOS ÉTICOS DA ICF
4. PADRÕES ÉTICOS
5. COMPROMISSO

**1. INTRODUÇÃO**

O Código de Ética ICF descreve os valores essenciais da International Coaching Federation, e os princípios e padrões éticos de comportamento para todos os profissionais da ICF (ver definições). Agir de acordo com os padrões éticos de comportamento da ICF é a primeira das competências essenciais da ICF (Competências Essenciais ICF). Isto é, "Demonstrar uma prática ética: entender e aplicar de maneira consistente a ética e os padrões de coaching".

O Código de Ética da ICF serve para manter a integridade da ICF e da profissão de coaching ao:

- Definir padrões de conduta consistentes com os valores fundamentais e princípios éticos da ICF.
- Orientar a reflexão, educação e tomada de decisão ética.

- Avaliar e preservar os padrões de coaching da ICF através do processo de Avaliação de Conduta Ética da ICF (ECR).

- Fornecer a base para a formação ética da ICF em programas credenciados da ICF.

O Código de Ética da ICF é aplicável quando um Profissional da ICF se apresenta como tal, em qualquer tipo de interação relacionada com o coaching. Não importa se a Relação com o Coaching (ver definições) ainda não esteja estabelecida. Esse Código articula as obrigações éticas dos Profissionais da ICF que estejam a atuar nos seus diferentes papéis como coach, coach supervisor, coach mentor, formador, aluno de coach em formação, em um papel de Liderança na ICF, assim como na Equipe de Apoio (ver definições). Apesar do processo de Avaliação de Conduta Ética (ECR) só ser aplicável para Profissionais da ICF, tal como especificado no Compromisso, os Funcionários da ICF também estão comprometidos com a prática de condutas éticas, os Valores Fundamentais e Princípios Éticos que são a base deste Código de Ética da ICF.

O desafio de trabalhar de maneira ética significa que os membros, inevitavelmente, irão se deparar com situações que exigem respostas a questões inusitadas, resoluções de dilemas e soluções para problemas.

Este Código de Ética tem a intenção de ajudar as pessoas que estão sujeitas ao Código, direcionando-as a uma série de fatores éticos que devem ser levados em consideração e ajudar a identificar alternativas sobre como agir de forma ética.

Os Profissionais da ICF que aceitam o Código de Ética empenham-se em ser éticos, mesmo que isso signifique tomar decisões difíceis ou agir corajosamente.

## 2. DEFINIÇÕES PRINCIPAIS

- **"Cliente"** – a pessoa ou a equipa/grupo que está a receber coaching, o coach que recebe mentoria ou supervisão, o coach ou aluno de coaching em formação.

- **"Coaching"** – estabelecer parcerias com Clientes em um processo criativo e estimulante que os inspire a maximizar o potencial pessoal e profissional.

- **"Relacionamento de Coaching"** - relacionamento estabelecido pelo Profissional da ICF e o Cliente/Patrocinador em um contrato que define as responsabilidades e expectativas de cada parte.

- **"Código"** - Código de Ética da ICF.

- **"Confidencialidade"** - proteção de qualquer informação obtida na relação de coaching, a não ser que tenha sido dada a autorização para a divulgação.

- **"Conflito de Interesse"** - uma situação em que o Profissional da ICF esteja envolvido em interesses múltiplos, na qual servir um interesse poderia prejudicar ou entrar em conflito com outro. Isso pode ser de caráter financeiro, profissional ou outro.

- **"Igualdade"** - uma situação em que todos se sintam incluídos, tenham acesso a recursos e oportunidades, independentemente de sua raça, etnia, origem, cor, gênero, orientação sexual, identidade de gênero, idade, religião, situação de imigração, deficiência física ou mental, e outras áreas onde haja diferença humana.

- **"Profissional da ICF"** - indivíduo que se apresenta como Membro da ICF ou Portador de Credencial da ICF, em papéis que incluam, entre outros, Coach, Coach Supervisor, Coach Mentor, Coach Treinador, e Aluno de Coaching.

- **"Funcionários da ICF"** - equipa de apoio da ICF que são contratado pela empresa que fornece serviços de gestão e administração profissional em nome da ICF.

- **"Coach Interno"** - um indivíduo que esteja empregado dentro de uma organização ou empresa e faz coaching em tempo integral ou parcial para os funcionários daquela organização ou empresa.

- **"Patrocinador"** - a entidade (incluindo seus representantes) que esteja a pagar e/ou organizar ou definir os serviços de coaching a serem fornecidos.

- **"Equipe de Apoio"** – pessoas que trabalham para os Profissionais da ICF para apoiá-los com os seus clientes.

- **"Igualdade Sistémica"** - igualdade de gênero, igualdade de raça e outras formas de igualdade que estão institucionalizadas na ética, valores fundamentais, políticas, estruturas e culturas de comunidades, organizações, nações e sociedade.

## 3. VALORES FUNDAMENTAIS E PRINCÍPIOS ÉTICOS DA ICF

O Código de Ética da ICF tem como base os Valores Fundamentais da ICF e as ações que surgem a partir destes. Todos os valores são igualmente importantes e apoiam uns aos outros. Esses valores são aspiracionais e devem ser usados como um modo de entender e interpretar esses padrões. É esperado que todos os Profissionais da ICF mostrem e propaguem esses Valores em todas as suas interações.

## 4. PADRÕES ÉTICOS

Os seguintes padrões éticos são aplicáveis às atividades dos Profissionais da ICF:

*Seção I - Responsabilidade com o Cliente*

Como um Profissional da ICF, eu:

1. Explico e asseguro de que, antes da primeira reunião, os meus Clientes e/ou os Patrocinadores do coaching entendam a natureza e valor em potencial de coaching, a natureza e limites da confidencialidade, as condições financeiras e qualquer outro termo do contrato de coaching.

2. Crio um contrato que explica os papéis, responsabilidades e direitos de todas as partes envolvidas com o(s) meu(s) Cliente(s) e Patrocinador(es) antes de começar a fornecer os serviços.

3. Mantenho o mais elevado padrão de confidencialidade com todas as partes. Eu tenho consciência e concordo com todas as leis aplicáveis no tratamento dos dados pessoais e na comunicação.

4. Tenho um entendimento claro sobre como as informações são trocadas entre as partes envolvidas durante todas as interações de coaching.

5. Tenho um entendimento claro com Clientes, Patrocinadores ou partes interessadas sobre as condições nas quais as informações não se manterão confidenciais (ex.: atividades ilegais, se exigido por lei, relativas a ordens judiciais ou intimações; risco iminente ou provável de perigo para mim ou para outros, etc.). Nas situações em que eu acredite que as circunstâncias acima descritas são aplicáveis, provavelmente deverei informar às autoridades.

6. Ter um contrato de coaching e manter um diálogo contínuo quando estiver a atuar como um Coach Interno, a gerir conflitos de interesse ou potenciais conflitos de interesse com o(s) meu(s) Cliente(s) e/ou Patrocinador(es). Isso deve incluir os perfis organizacionais, responsabilidades, forma de registos, confidencialidade e outras exigências de relatórios.

7. Em conformidade com as leis e contratos aplicáveis, manter, armazenar e dispôr de quaisquer registos, incluindo arquivos eletrónicos e comunicação eletrónica criados durante minha interação profissional de modo a promover a confidencialidade, segurança e privacidade. Além disso, procuro utilizar de maneira adequada, todos os desenvolvimentos tecnológicos emergentes e crescentes que estejam a ser usados em serviços de coaching (serviços de coaching assistidos por tecnologia) e ter consciência de como os diferentes padrões éticos se aplicam a cada um deles.

8. Mantenho-me atento(a) a sinais que indiquem uma mudança nos valores da relação de coaching. Caso haja, faço mudanças no relacionamento ou incentivo meus Cliente(s)/Patrocinador(es) a procurar outro coach, outro profissional ou usar um recurso diferente.

9. Respeito os direitos de todas as partes ao rescindir a relação de coaching em qualquer momento por qualquer razão durante o processo de coaching, sujeito às disposições específicas do contrato.

10. Entendo as possíveis consequências de ter vários contratos e relacionamentos com um mesmo Cliente(s) e/ou Patrocinador(es) ao mesmo tempo e tento evitar situações de conflito de interesses.

11. Tenho consciência e gestiono de maneira ativa qualquer diferença de poder ou status entre mim e o Cliente que poderá causar algum problema cultural, relacional, psicológico ou contextual.

12. Comunico aos meus Clientes a possibilidade de ser remunerado, ou outros benefícios que possa vir a receber por indicar os meus Clientes a terceiros.

13. Asseguro coaching de qualidade consistente, independentemente do valor ou forma de remuneração em qualquer relacionamento.

*Seção II - Responsabilidade na pratica e desempenho*

Como um Profissional da ICF, eu:

14. Sigo o Código de Ética da ICF em todas as minhas interações. Quando perceber qualquer incumprimento do Código, por mim, ou reconhecer comportamento não-ético em outro Profissional da ICF, eu respeitosamente abordarei a questão com as pessoas envolvidas. Caso isso não resolva a questão, informarei a uma autoridade formal (por ex.: ICF Global) para agir e encontrar uma solução.

15. Espero que toda a Equipa de Apoio aja de acordo com o Código de Ética da ICF.

16. Tenho um compromisso com a excelência através do meu desenvolvimento pessoal, profissional e ético.

17. Reconheço as minhas limitações pessoais ou circunstâncias que possam prejudicar, entrar em conflito ou interferir com o meu desempenho de coach ou os meus relacionamentos de coaching profissional. solicitarei apoio para determinar a ação a ser tomada e, se necessário, irei procurar imediatamente orientação profissional. Isso poderá incluir suspender ou rescindir o(s) meu(s) relacionamento(s) de coaching.

18. Resolvo qualquer conflito de interesse ou potencial conflito de interesse a trabalhar a questão com as partes relevantes, buscar assistência profissional, suspender temporariamente ou terminar uma relação profissional.

19. Mantenho a privacidade dos Membros da ICF e uso as informações de contato dos Membros da ICF (endereços eletrónicos, números de telefone, etc.) apenas quando seja autorizado pela ICF ou pelo próprio Membro da ICF.

*Seção III – Responsabilidade com o Profissionalismo*

Como um Profissional da ICF, eu:

20. Identifico de maneira precisa as minhas qualificações de coaching, meu nível de competência, especialização, experiência, formação, certificações e Credenciais da ICF em coaching.

21. Faço declarações verbais e por escrito que são verdadeiras e precisas sobre o que ofereço como um Profissional da ICF, o que é oferecido pela ICF, a profissão de coaching e o valor em potencial do coaching.

22. Comunico e crio consciência em todos que necessitem ser informados das responsabilidades éticas estabelecidas neste Código.

23. Tenho a responsabilidade e consciência para estabelecer limites claros, adequados e culturalmente sensíveis que regem as minhas interações, sejam elas físicas ou de outro tipo.

24. Não tenho nenhum relacionamento sexual ou romântico com Cliente(s) ou Patrocinador(es). Tenho e terei sempre consciência do nível de intimidade adequado para um relacionamento de coaching. Tomarei a ação adequada para abordar a questão ou cancelar o compromisso se necessário.

*Seção IV - Responsabilidade com a sociedade*

Como um Profissional da ICF, eu:

25. Evito a discriminação ao manter igualdade e justiça em todas as atividades e operações, e ao mesmo tempo respeito as regras e práticas culturais locais. Isso inclui, entre outros, discriminação com base em idade, raça,

expressão de gênero, etnia, orientação sexual, religião, origem, deficiência ou situação militar.

26. Reconheço e honro as contribuições e a propriedade intelectual de outros, apenas reivindicando posse do meu próprio material. Reconheço que o descumprimento desse padrão poderá sujeitar a reparações legais a terceiros.

27. Sou honesto e trabalho dentro dos padrões científicos reconhecidos, diretrizes de assuntos aplicáveis e limites da minha competência quando estiver a conduzir uma pesquisa.

28. Tenho consciência do meu impacto e do impacto dos meus clientes na sociedade. Eu sigo a filosofia de "fazer o bem", em vez de "evitar o mal".

## 5. O COMPROMISSO COM A ÉTICA DO PROFISSIONAL DA ICF:

Como um Profissional da ICF e de acordo com os Padrões do Código de Ética da ICF, eu reconheço e concordo cumprir as minhas obrigações éticas e legais com o(s) meu(s) Cliente(s), Patrocinador(es), colegas e o público em geral. Se eu não cumprir qualquer parte do Código de Ética da ICF, eu concordo que a ICF, a seu exclusivo critério, poderá me responsabilizar pela minha forma de agir. Concordo que a minha responsabilidade para com a ICF, por qualquer descumprimento, poderá incluir sanções, como formação de coaching adicional obrigatória, outro tipo de formação, a perda da Filiação da ICF e/ou as minhas Credenciais da ICF.

*The ICF Code of Ethics (2020) are used with permission from the International Coaching Federation (ICF). The ICF Code of Ethics in English and Portuguese can be access at https://coachingfederation.org/ethics/code-of-ethics.*

# ANEXO III

## Marcadores PCC (Coach Profissional Certificado) da ICF

*Revisado em novembro de 2020*

Os marcadores são indicadores de comportamento que um avaliador treinado observa a fim de determinar o nível demonstrado de cada Competência Essencial da ICF, em uma sessão de coaching gravada.

Os marcadores presentes neste documento descrevem os comportamentos esperados em uma sessão de coaching no nível PCC (Coach Certificado Profissional). Estes marcadores padronizam o processo de avaliação para que seja justo, consistente, válido, confiável, repetível e justificável.

Os Marcadores PCC também podem apoiar coaches, professores de coaches e mentores de coaches na identificação de áreas de desenvolvimento das competências no nível PCC. No entanto, eles devem ser sempre utilizados no contexto do desenvolvimento das Competências Essenciais. Os marcadores PCC não devem ser usados como uma lista de verificação ('checklist') ou método para ser aprovado na avaliação de desempenho do PCC.

### COMPETÊNCIA 1: DEMONSTRA A PRÁTICA ÉTICA

Familiaridade com o Código de Ética da ICF e a sua aplicação é necessária em todos os níveis de credenciamento de coaches da ICF. Os candidatos a PCC, para serem bem-sucedidos, devem demonstrar que sua prática de coaching está alinhada com o Código de Ética da ICF e é consistente, na sua função de coach.

## COMPETÊNCIA 2: INCORPORA A MENTALIDADE DE COACHING

Incorporar uma mentalidade de coaching aberta, curiosa, flexível e focada no cliente é um processo que requer aprendizagem e desenvolvimento contínuo. Faz parte desta mentalidade o desenvolvimento de uma prática reflexiva e a preparação mental e emocional para as sessões. Estes comportamentos ocorrem ao longo do desenvolvimento profissional de um coach e não podem ser totalmente capturados no intervalo de tempo de uma sessão gravada. No entanto, certos indícios de comportamentos relativos a esta competência podem ser demonstrados dentro de uma conversa coach. Estes comportamentos deverão ser demonstrados e avaliados através dos seguintes Marcadores PCC: 4.1, 4.3. 4.4, 5.1, 5.2, 5.3, 5.4, 6.1, 6.5, 7.1, e 7.5. Tanto nesta como nas outras competências será necessário demonstrar um número mínimo destes marcadores para passar na avaliação de desempenho de PCC. Todos os elementos desta Competência também serão avaliados na prova de múltipla escolha da ICF (Coach Knowledge Assessment - CKA).

## COMPETÊNCIA 3: ESTABELECE E MANTÉM ACORDOS

3.1 Coach atua em parceria com o cliente para identificar ou reconfirmar o que o cliente quer atingir na sessão.

3.2 Coach atua em parceria com o cliente para definir ou reconfirmar medida(s) de sucesso para o que o cliente quer atingir na sessão.

3.3 Coach pergunta ou explora o que é importante ou significativo para o cliente sobre o que ele quer atingir na sessão.

3.4 Coach atua em parceria com o cliente para definir o que o cliente acredita que precisa abordar para alcançar o que quer atingir, na sessão.

## COMPETÊNCIA 4: CULTIVA A CONFIANÇA E SEGURANÇA

4.1 Coach reconhece e respeita os talentos do cliente, descobertas e o seu trabalho no processo de coaching.

4.2 Coach demonstra apoio, empatia ou preocupação com o cliente.

4.3 Coach reconhece e apoia a expressão de sentimentos, percepções, preocupações, crenças ou sugestões por parte do cliente.

4.4 Coach atua em parceria com o cliente convidando-o a responder da forma que preferir às contribuições do coach e aceita as respostas do cliente.

## COMPETÊNCIA 5: MANTÉM A PRESENÇA

5.1 Coach atua em resposta a totalidade do cliente (o quem).

5.2 Coach atua em resposta ao que o cliente quer atingir na sessão (o quê).

5.3 Coach atua em parceria com o cliente, apoiando-o a escolher o que ocorre na sessão.

5.4 Coach demonstra curiosidade para aprender mais sobre o cliente.

5.5 Coach permite silêncio, pausa e reflexão do cliente.

## COMPETÊNCIA 6: OUVE ATIVAMENTE

6.1 As perguntas e observações do coach são personalizadas utilizando o que o coach aprendeu sobre quem o cliente é, ou sobre a situação do cliente.

6.2 Coach explora ou pergunta sobre o significado das palavras usadas pelo cliente.

6.3 Coach explora ou pergunta sobre as emoções do cliente.

6.4 Coach explora as mudanças de energia do cliente, sinais não verbais ou outros comportamentos.

6.5 Coach explora ou pergunta como o cliente vê a si mesmo ou ao seu mundo, neste momento.

6.6 Coach permite que o cliente se expresse completamente, a menos que haja um propósito declarado para interrompê-lo.

6.7 Coach sucintamente reflete ou resume o que o cliente comunicou para garantir clareza e compreensão ao cliente.

## COMPETÊNCIA 7: EVOCA CONSCIENTIZAÇÃO

7.1 Coach faz perguntas ao cliente sobre sua forma de pensar, sentir, valores, necessidades, desejos, crenças ou comportamentos atuais.

7.2 Coach faz perguntas para apoiar o cliente a explorar além do pensamento ou sentimento atual do cliente para novas ou expandidas formas de pensar ou sentir sobre si mesmo (o quem).

7.3 Coach faz perguntas para apoiar o cliente a explorar além do pensamento ou sentimento atual do cliente para novas ou expandidas formas de pensar ou sentir sobre a sua situação (o quê).

7.4 Coach faz perguntas para apoiar o cliente a explorar além do pensamento, sentimento ou comportamento atual em relação ao resultado que o cliente deseja.

7.5 Coach compartilha, sem apego, observações, intuições, comentários, pensamentos ou sentimentos e convida o cliente à exploração através de perguntas ou sons vocálicos, em total sintonia com o cliente.

7.6 Coach faz perguntas claras, diretas, principalmente abertas, uma de cada vez, a um ritmo que permite ao cliente pensar, sentir ou refletir.

7.7 Coach utiliza uma linguagem que é geralmente clara e concisa.

7.8 Coach permite que o cliente fale na maior parte do tempo.

## COMPETÊNCIA 8: FACILITA O CRESCIMENTO DO CLIENTE

8.1 Coach convida ou dá espaço para que o cliente explore o progresso em relação ao que o cliente buscava atingir na sessão.

8.2 Coach convida o cliente a declarar e/ou explorar seu aprendizado na sessão a respeito de si próprio (o quem).

8.3 Coach convida o cliente a declarar e/ou explorar seu aprendizado na sessão a respeito de sua situação (o quê).

8.4 Coach convida o cliente a refletir sobre como irá usar a novo aprendizado obtido na sessão de coaching.

8.5 Coach atua em parceria com o cliente para planejar pensamentos, reflexões ou ações após a sessão.

8.6 Coach atua em parceria com o cliente para planejar como continuará seu avanço, considerando recursos, apoio e possíveis obstáculos.

8.7 Coach atua em parceria com o cliente para desenvolver a melhor forma dele se responsabilizar por si mesmo.

8.8 Coach celebra o progresso e a aprendizagem do cliente.

8.9 Coach atua em parceria com o cliente sobre a forma de encerrar a sessão.

*The ICF PCC Markers (2020) are used with permission from the International Coaching Federation (ICF). The ICF PCC Markers in English and Portuguese can be access at https://coachingfederation.org/credentials-and-standards/performance-evaluations/pcc-markers.*

A Editora Senac Rio publica livros nas áreas de Beleza

e Estética, Ciências Humanas, Comunicação e Artes,

Desenvolvimento Social, Design e Arquitetura, Educação,

Gastronomia e Enologia, Gestão e Negócios, Informática,

Meio Ambiente, Moda, Saúde, Turismo e Hotelaria.

Visite o site www.rj.senac.br/editora,

escolha os títulos de sua preferência e boa leitura.

Fique atento aos nossos próximos lançamentos!

À venda nas melhores livrarias do país.

Editora Senac Rio

Tel.: (21) 2018-9020 Ramal: 8516 (Comercial)

comercial.editora@rj.senac.br

Fale conosco: faleconosco@rj.senac.br

Este livro foi composto nas tipografias Quatro Slab e Bebas Neue,
e impresso pela Imos Gráfica e Editora Ltda., em papel *offset* 90 g/m²,
para a Editora Senac Rio, em outubro de 2023.